U0939808

本书是北京文化安全研究基地的研究成果

本课题研究受国家新闻出版广电总局 “新闻出版业发展指数研究”
项目（项目编号：A2015-3-1）资助

文化产业安全与管理丛书

刘　益　衣凤鹏　付海燕
谢　巍　张书勤　高海涛　著
范文静　赵慧群　杨　荣

新闻出版业发展指数研究（2015）

XINWEN CHUBANYE FAZHANZHISHU YANJIU(2015)

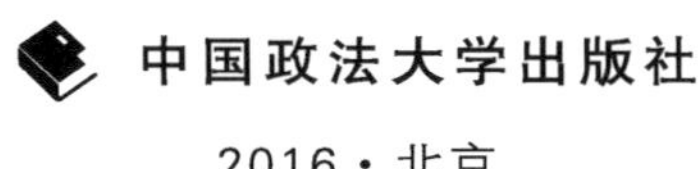

中国政法大学出版社

2016 · 北京

《文化产业安全与管理》
丛书编委会

《文化产业安全与管理》丛书
出版前言

文化产业被公认为21世纪全球经济一体化时代的“朝阳产业”。从全球范围来看，一个基本的趋势是：文化产业发达的国家，其文化软实力的扩张力和渗透力都比较强；文化产业发展较为成熟的国家，其文化软实力都有着较大的优势。文化产业在国与国之间综合国力的竞争中发挥的作用越来越大，并为国家文化软实力的竞争提供了形式多样的载体和平台。发展是安全的保障，安全是发展的条件。为了做大做强我国文化产业，有必要加强文化产业安全研究。此外，越来越明显的文化经济化与经济文化化趋势，也意味着文化与经济的大融合。文化经济化是指文化发展中渗透着经济的因素，文化发展是生产力发展的重要组成部分；经济文化化是指任何的经济活动中都包含了文化的因素，文化是经济的引领和导向，文化贯穿经济过程始终。

文化安全是国家安全的重要组成部分，文化产业安全是实现文化安全的核心。文化产品是文化的载体，核心是文化内容。文化产品和文化内容可以由两个方面来提供：一是国家的公共文化服务体系，由公共文化服务机构提供基本的文化产品，满足广大人民群众最基本的文化需要；二是各类成为独立市场主体的文化企业，这是文化产业发展的主体。实现国家文化安全，仅依靠公共文化服务体系，是不可能完成的，还需要由文化企业通过提供丰富的文化产品，形成核心竞争力，通过参与全球文化竞争，从而实现国家的文化安全由被动安全最终转变为主动安全。也就是说，文化产业安全是实现国家文化安全的核心。只有打造具有全球竞争力的文化产业，才可以实现国家文化软实力的真正提升。

北京印刷学院是国内唯一以培养高级新闻出版人才为特色的高等院校。我院以立足首都、面向全国、服务新闻出版印刷等相关文化产业业态为办学宗旨，重视科学研究和学术积累，不断提高人才培养质量，为全国尤其是北京地区文化产业发展提供了切实的人才和智力支持。办学50多年来，北京印刷学院建立和完善了以传媒文化、传媒技术、传媒管理、传媒艺术等为特色的学科和人才培养体系，为新闻出版业等文化产业培养了3万多名应用型高级专门人才，涌现出了一批文化行业优秀领军人物及技术、业务、管理骨干，形成了扎实的学科基础和环境条件，为我国文化产业的繁荣和发展提供了强有力的智力支持和人才保障，为传承和发扬中华印刷文明做出了应有的贡献。

为更好地推动我国文化产业安全与管理领域的研究，北京印刷学院组织一批从事文化产业安全与管理研究的相关骨干教师，集中编写了《文化产业安全与管理》丛书。《文化产业安全与管理》丛书的出版得到了北京印刷学院文化产业安全与管理博士层次服务国家特殊需求人才培养项目的资助。丛书的策划得到了学校研究生处的指导和大力支持。学校领导和中国政法大学出版社的领导对丛书的出版给予了充分的关注和支持，在此深表感谢。

《文化产业安全与管理》丛书编委会

2015年8月

目 录 CONTENTS

引 言

近年来，发展文化产业已成为我国的国家战略，大力发展文化产业成为各级政府的重要工作内容。作为文化产业的核心组成部分，新闻出版业的发展也得到了极大的关注。2015 年《政府工作报告》提出要繁荣发展新闻出版事业，这将给新闻出版行业的发展带来新的契机和发展机遇。在这种情境下，清晰掌握全国及各地新闻出版业发展现状，全面了解新闻出版业发展存在问题，探寻新闻出版业发展规律，对于制定、执行、评估、监控和调整新闻出版业政策，促进新闻出版业实现跨越式发展显得尤为重要。近年来，我国新闻出版业取得了快速的发展，表现在：产业规模持续增长；管理体制机制不断完善；优秀出版物不断涌现；产品质量不断提高；传统出版与新媒体不断融合；出版走出去力度不断增大等方面。在取得成效的同时，也存在一系列亟待解决的问题。比如，新闻出版产业结构有待进一步优化，新闻出版企业规模实力和影响力有待提升，新闻出版产业工作机制有待健全和完善等。科学合理的发展指数构建可以指引我们了解促进新闻出版产业发展的驱动因素，科学评估我国新闻出版产业发展现状与发展潜力，有助于引导与推动新闻出版产业克服瓶颈、加快发展。因此，构建中国新闻出版产业发展指数，显得尤为必要和迫切。

本书拟通过实地调研、问卷调查、理论研究、数据建模等方法，全面分析新闻出版业发展现状及其影响因素，并在此基础上构建科学实用的新闻出版业发展综合评价体系，科学测算出新闻出版业发展指数，如实反映新闻出版业发展状况。

1. 绪 论

1.1 对产业发展的理解

产业是由参与社会生产劳动过程的技术、物质、资金等要素及其相互联系所构成的社会生产组织结构体系。产业并不是孤立存在的，在产业与产业之间，存在着极其复杂的直接和间接的经济联系，产生自变与应变。一个产业的存在，将是其他产业形成和发展的条件。发展是当今世界的两大主题之一。发展是指“事物由小到大、由简到繁、由低级到高级、由旧质到新质的运动变化过程”。产业发展理论就是指研究产业发展过程中的发展规律、发展周期、影响因素、产业转移、资源配置、发展政策等问题。产业发展的潜力在哪里？未来该如何挖掘这些潜力以促进产业的发展？这一直是发展经济学研究的主题。

1.2 有关发展的经济学理论

发展经济学形成于20世纪40年代~50年代，但其思想源头，像经济学的其他分支一样，可以追溯到古典经济学甚至更早。英国资产阶级古典政治经济学的完成者李嘉图认为经济增长表现为社会物质财富的增长，社会物质财富的增长取决于劳动数量的扩大和劳动生产率的提高，资本积累的扩大是国民财富增长的根本原因；同时他也主张自由放任和自由贸易。马克思认为在一定意义上的“扩大再生产”就是经济增长。他指出：“社会的物质生产力发展到一定阶段，便同它们一直在其中活动的现存生产关系或财产关系发生矛盾。于是，这些生产关系便由生产力的发展形式变成生产力的桎梏，那时社会革命的时代就到来了”。熊彼特在 1912 年出版的《经济发展理论》中首次提出“创新理论”。他认为，“仅仅是经济的增长，如人口和财富的增长所表明的，在这里也不能称作是发展过程。因为它没有产生在质上是新的现象，而只有同一种适应过程，像在自然数据中的变化一样。”进而他指出，“我们所指的‘发展’，究其本质而言，在于对现存劳力及土地的服务以不同的方式加以利用……‘发展’经济生活中并非从外部强加于它的，而是从内部自行发生的变化。”“只要是当‘新组合’最终可能通过小步骤的不断调整从旧组合中产生的时候，那就肯定有变化，可能也有增长，但是既不产生新现象，也不产生我们所意味的发展。当情况不是如此，而新组合是间断地出现的时候，那么具有发展特点的现象就出现了。……因此，我们所说的发展，可以定义为‘执行新的组合’。”“采用一种新的产品、采用一种新的生产方法、开辟一个新的市场、掠取或控制原材料或半制成品的一种新的供应来源。”“我们把新组合的实现称为‘企业’，把职能是实现新组合的人们称为‘企业家’。”查尔斯 · P. 金德尔伯格、布鲁斯 · 赫里克（1964）等人认为：“经济增长指更多的产出，而经济发展既包括更多的产出，同时也包括产品生产和分配所依赖的技术和体制安排上的变革。”而 B. 奥肯、R. W. 理查森等人在他们的《经济发展研究》指出：“经济发展可以定义为物质福利持续而长期的改善……反映出产品和劳务流量的增加。”1965 年，H. W. 辛格（H. W. Singer）发表了“社会发展：最主要的增长部门”一文，其中明确：“不发达国家存在的问题不仅仅是增长问题，还有发展问题。发展是增长加变化，而变化不单单在经济上，而且还在社会和文化上，不单在数量上，而且还在质量上……其主要概念必定是人民生活质量的改善。”1971 年，发展学者丹尼斯 · 古雷特（ Denis Goulet）从人的角度研究了发展的本质问题，指出发展包含有三个核心内容，即基本生活需求、自尊和自由。他认为："基本的生存需求得到满足，才谈得到去追求更多的东西。"1983 年，法国经济学家和社会学家佩鲁在《新发展观》一书中提出了"整体的""内生的""综合的"新发展理论。《新发展观》所强调的发展是以人为本的、动态的、以文化价值为基础的、结构合理的、全面协调的发展。他认为，"发展是一种整体的、综合的、内生的过程，是以民族、历史、环境资源等自身内生条件为基础，包括经济增长、政治文明、科技进步、社会转型、生态平衡等各种因素在内的综合发展过程"。

梳理有关发展经济学的发展历程，可以看出，20 世纪 50 年代，经济发展等于经济增长；60 年代，发展等于增长加变化，但增长是发展的主要内容之一；70 年代，强调增加就业、消除贫困和公平分配等发展目标；80 年代，把环境改善作为发展的主要内容之一；90 年代，发展不仅包括经济增长、就业创造、收入分配公平、环境的改善与可持续发展，而且还包括文化的多样性和政治参与等社会、文化和政治内容。

同时也可以看出：发展观经历了从物本主义到人本主义的转变；发展的内涵由单纯的经济层面逐步渗透到非经济层面；发展的质量由注重单一的经济增长过渡到经济与社会、经济与环境、经济与人之间的协调发展；经济发展不仅包含了经济增长，还包括社会经济结构的变化和人民生活质量的改善。经济发展的中心内容是经济增长；经济发展中的其他变化（结构变迁）是影响经济增长的因素之一。发展不是范式内的数量累积变化，而是范式本身的跳跃变化。长期以来，人均 GDP 作为衡量发展水平的首要指标。片面追求经济增长的观念已导致环境污染、资源枯竭、自然生态恶化等问题的频频发生。随着发展研究的不断深入，研究的重点逐步转向重视人类自身的发展。

1.3 有关发展的产业经济学理论

1.3.1 产业结构演变理论

产业结构同经济发展相对应而不断变动，在产业高度方面不断由低级向较高级演进，在产业结构横向联系方面不断由简单化向复杂化演进，这两方面的演进不断推动产业结构向合理化方向发展。

(1) 配第—克拉克定律

英国经济学家配第和克拉克通过研究，先后发现：随全社会人均国民收入水平的提高，就业人口首先向第一产业转移；当人均国民收入水平有了进一步提高时，就业人口便大量向第三产业转移。这种由人均收入变化引起的现象称为配第—克拉克定律。后来，克拉克重新发现并第一次研究了产业结构的演进趋势，得出了产业结构演进的规律性结论。

(2) 库兹涅茨人均收入影响论

库兹涅茨在继承配第和克拉克等人研究成果的基础上，依据人均国内生产总值份额基准，考察了总产值变动和就业人口机构变动的规律，揭示了产业结构变动的总方向，从而进一步证明了配第—克拉克定律。他发现的这种变动规律，即产业结构的变动受人均国民收入变动的影响，被称为库兹涅茨人均收入影响论。

(3) 罗斯托主导产业扩散效应理论和经济成长阶段论

罗斯托首先提出了主导产业及其扩散理论和经济成长阶段论。他根据科学技术和生产力发展水平，将经济成长的过程划分为五个阶段，即传统社会、为“起飞”创造前提的阶段、“起飞”阶段、向成熟挺进阶段、高额大众消费阶段。后来他在《政治与成长阶段》一书中又增加了一个“追求生活质量”的阶段。

1.3.2 区域分工理论

区域分工是区域之间经济联系的一种形式。由于各个区域之间存在着经济发展条件和基础方面的差异，因此，在资源和要素不能完全、自由流动的情况下，为满足各自生产、生活方面的多种需求，提高经济效益，各个区域在经济交往中就必然要按照比较利益的原则，选择和发展具有优势的产业。于是，在区域之间就产生了分工。

（1）绝对优势理论

1876年亚当·斯密在其《国富论》中，对国际分工与经济发展的相互关系进行了系统阐述，提出了绝对优势理论。他认为不同国家或地区在不同产品或不同产业生产上拥有优势，对于相同产业来说，各国则存在生产成本的差异，贸易可以促使各国按生产成本最低原则安排生产，从而达到贸易获利的目的。

（2）相对优势理论

1817年大卫·李嘉图在《政治经济学及赋税原理》中以劳动价值论为基础，用两个国家、两种产品的模型，提出和阐述了相对优势理论。他指出，由于两国或两个地区劳动生产率的差距在各商品之间是不均等的，因此，在所有产品或产业生产上处于优势的国家和地区不必生产所有商品，而只应生产并出口有最大优势的商品；而处于劣势的国家或地区也不是什么都不生产，可以生产劣势较小的产品。这样，彼此都可以在国际分工和贸易中增加自身的利益。长期以来，相对优势理论成为指导国家或地区参与分工的基本原则，并得到许多经济学家的进一步阐释和发展。

（3）新贸易理论

美国经济学家保罗·克鲁格曼提出了新贸易理论。他认为，发展任何一种专业在一定程度上都具有历史偶然性，在不完全竞争和同类产品贸易的条件下，生产要素的需求和回报状况取决于微观尺度上的生产技术条件。生产技术的变化，可以改变生产要素的需求结构和收益格局，从而影响相似要素条件下的贸易，促成同类产品的贸易。

1.3.3 产业集群理论

产业集群作为一种组织形式，其发展与产业结构调整、技术创新以及国家和地方经济发展关系十分密切，而产业集群的形成与变迁有其理论依据。

(1) 马歇尔的规模经济理论

马歇尔（Alfred Marshall）发现了外部规模经济与企业集群之间的密切关系，他认为企业集群是基于外部规模经济而形成的。马歇尔认为外部规模经济与内部规模经济同样具有产业组织效率，因此是十分重要的，“这种经济往往能因许多性质相似的小型企业集中在特定的地方——即通常所说的工业地区分布——而获得”。马歇尔把专业化产业集聚的特定地区称为“产业区”。马歇尔对导致规模经济的原因作了细致的探讨。

(2) 产业区位理论和新产业区位理论

德国经济学家阿尔弗雷德·韦伯（Alfred Weber）从产业集聚带来的成本节约的角度讨论了产业集群形成的动因。他认为费用最小的区位是最好的区位，而聚集能使企业获得成本节约。若干个企业集群在一个地点同样也能给各个企业带来更多的收益或节省更多的成本，技术设备发展的专业化、搜寻劳动力的相关成本的降低，也都促进了企业集聚。

1.3.4 发展阶段理论

(1) 钱纳里工业化阶段理论

钱纳里从经济发展的长期过程中考察了制造业内部各产业部门的地位和作用的变动，揭示了制造业内部结构转换的原因，即产业间存在着产业关联效应，为了解制造业内部的结构变动趋势奠定了基础。他通过深入考察，发现了制造发展受人均 GNP、需求规模和投资率的影响大，而受工业品和初级品输出率的影响小。他进而将制造业的发展分为三个发展时期：经济发展初期、中期和后期；将制造业也按三种不同的时期划分为三种不同类型的产业。

(2) 霍夫曼定理

德国经济学家 W. 霍夫曼通过对当时近 20 个国家的时间序列数据的统计分析，提出著名的“霍夫曼定理”：随着一国工业化的进展，霍夫曼比例是不断下降的，霍夫曼比例是指消费资料工业净产值与资本资料工业净产值之比。即霍夫曼比例 = 消费资料工业的净产值/资本资料工业的净产值。

1.4 新闻出版业发展指数研究的现实意义

新闻出版业发展指数研究的核心内容是建立评价指标体系。评价指标体系的特质，取决于其在产业经济学、产业发展理论、产业竞争力等思想的指导下形成的必要性，主要表现以下几个方面：

1.4.1 提升新闻出版业发展质量

“十三五”时期，是新闻出版业发展的关键时期，如何提升我国新闻出版业竞争力？如何发展新闻出版事业？如何发展新闻出版产业？如何衡量新闻出版业结构调整和经济增长方式转变的效果？这些问题的解决，没有科学合理的理论指引，没有现实数据的支撑，没有对新闻出版产业发展深入的研究，是不可能做到的。我们构建的评价指标体系，以发展指标体系为基础，用管理学和经济学的系统理论和思想为指导，全面测度我国新闻出版产业的发展指数，客观测量和评价我国各地区综合发展情况，更真实地反映出各省份发展水平的差异，以期为我国和各地区新闻出版业的竞争力提升及竞争优势的培养指引方向。

1.4.2 提升政府宏观调控能力

新闻出版业的发展离不开政府的引导和扶持，产业政策是政府对新闻出版业宏观调控的主要手段，评价指标体系是制定政策的智力基础。政府在制定产业政策时坚持“有所为，有所不为”，然后进一步而且必须要明确的是“何时为，何处为，何时不为，何处不为”。目前，全国 31 个省、直辖市、自治区均制定与文化产业和新闻出版产业发展的相关政策文件和相关规划。通过对全国新闻出版业和各省市区域的新闻出版业的评价分析，以及新闻出版业发展指数测评结果的发布，可评估地方政府为促进新闻出版产业发展所制定政策的实施效果，进而为政策调整提供决策依据，使得产业政策能够更好地针对新闻出版业发展中的突出问题，最有效地提升新闻出版业竞争力，真正实现政府弥补市场缺陷和不足，促使市场恢复功能，通过提供适当扶持和保护，引导新闻出版业健康发展。

1.4.3 建立现代信息通道的桥梁

新闻出版业发展涉及企业、教育、金融、政府及行业协会等各界的协同合作，需要有经济与科技的互动、“产学研”的有机结合和各部门的配合。评价指标体系就是为社会各界“互动”“结合”和“配合”提供了一个信息平台，有了这个信息平台，社会各界才能在同一层次探讨新闻出版业的发展。信息经济学认为，社会中的信息是不完全和不对称的，信息传递机制也是不通畅的。新闻出版业的信息屏蔽效应一方面造成了较高的交易成本，另一方面也对新闻出版业发展规律的认识构成了障碍。为此，需要通过构建发展指标体系，协调各方面的认识，打破信息屏障，沟通各方面的信息，以评价指标体系为咨询性综合平台，加强各种力量的理解、互动，形成合力。

1.4.4 推进新闻出版业发展与改革

新闻出版业发展指数的构建既描述我国新闻出版业发展的现状，同时又对今后发展方向给予趋势分析。新闻出版业发展指标体系以产业经济学为宏观基础，以竞争力模型和生产函数为微观依据，以实现“跟踪产业发展，推动产业改革”为目标，评价指标体系以新闻出版业内细分产业之间、数字出版与传统出版产业之间的竞争关系为切入点，以发展指标体系提供的描述产业过程的绝对指标为数据基础和基本理论支撑，结合新闻出版业实际，通过科学合理的量化评价，更加明确新闻出版业发展的优势与弱点，从而进一步发挥优势，弥补短板，促进新闻出版业的深化改革与健康发展。

2. 已有指标体系及评析

2.1 有关发展指数的相关研究

表 2-1 发展指数研究汇总表

序号	发展指数	出台年份	主要指标
1	GNP	1953	以美元计算的人均 GNP（汇率换算法）
2	GDP	1971	以美元计算的人均 GDP（汇率换算法）
3	经济福利量	1972	都市中的污染等经济行为所产生的社会成本、GDP、家政活动和社会义务等经济活动的价值
4	物质生活质量指数	1975	一周岁婴儿的预期寿命、婴儿死亡率和识字率
5	社会进步指数	1976	包括 10 个部门的 45 个社会发展指标：教育，健康，妇女地位，防御支出，经济，人口，地理，政治动荡，多元文化和福利支出
6	可持续经济福利指数	1989	GDP 扣除自然资本折旧、环境污染损失和防护支出
7	人类发展指数	1990	预期寿命，用出生时预期寿命来衡量；教育程度，用成人识字率（2/3 权重）及小学、中学、大学综合入学率（1/3 权重）共同衡量；生活水平，用实际人均 GDP（PPP $）来衡量
8	绿色 GDP	1993	GDP、生产资本损耗、资源环境成本
9	国家财富	1995	人造资本、自然资本、人力资本和社会资本

续表

序号	发展指数	出台年份	主要指标
10	真实储蓄	1995	GDP、总消费、教育投资、人造资本的折旧、自然资源的损耗和环境污染损失的价值
11	妇女权力指数	1995	女性预期寿命、识字率、入学率、女性收入
12	生态足迹	1996	土地面积、给定人口的现有消费水平
13	人类贫困指数	1997	出生后无法存活到 40 岁的概率、成人文盲率、相对年龄体重不足的人口率、长期失业率
14	环境可持续指数	2005	环境体系、环境压力、人类的脆弱性、社会和机构能力以及全球管理能力
15	国民幸福总值	2006	消费者债务，平均收入与消费者价格指数比例，收入分配等指标；污染，噪音，交通等指标；重大疾病治疗等身体健康方面指标；控制抑郁手段的应用；失业抱怨，工作更换，劳务诉讼等涉及工作就业的指标
16	人类发展指数	2010	出生时预期寿命、平均受教育年限、预期受教育年限、人均国民总收入（GNI）
17	中国发展指数	2007	出生预期寿命、婴儿死亡率、每万人平均病床数；成人文盲率、大专以上文化程度人口比例；农村居民年人均纯收入、人均 GDP、城乡居民年人均消费比、城镇居民恩格尔系数；城镇登记失业率、第三产业增加值占 GDP 比例、人均道路面积、城镇居民人均居住面积、省会城市空气质量达到并好于二级的天数、人均环境污染治理投资额

2.2 国外文化产业发展指数及相关研究

关于文化创意产业，联合国和各国政府建立了各种指标模型。包括联合国社会发展研究所和教科文组织的《针对文化和发展的全球性报告：建立文化数据和指数》，贝克的《地区文化发展的衡量和指数》，佛罗里达的先驱性著作《创意阶层的崛起》及他后来与泰内格莉合著的《创意时代的欧洲》等。其中，佛罗里达和泰内格莉构建提出的“3T”理论对研究创意产业、经济增长和区域竞争力之间的动态关系贡献巨大，他们构建的“欧洲创意指数”是由科技指数、人才指数以及应用于欧洲的包容指数构成，简称“3T”理论。

表 2-2　欧洲创意指数体系

指标层	指标层	指数构成
欧洲人才指数	科技人才指数	每 1000 人中拥有的科学家和工程师的人数
	人力资本指数	25 至 64 岁的人中获学士及以上学位人数的比率
	创意阶层指数	文化产业实现的就业占总就业人员总量的比率
欧洲技术指数	研发指数	研发费用占 GDP 比率
	创新指数	每百万人拥有专利数
	高科技创新指数	每百万人拥有的信息技术、航空、制药等高技术领域专利数
欧洲包容指数	价值指数	国民对传统文化的敌视程度
	态度指数	往往会选择宽恕他人的人数占总人数的比率
	自我体现指数	社会对个人权利重视程度

欧洲创意指数作为一项开创性的工程，它无疑对研究创意生产力、促进经济增长做出了巨大的贡献，同时对于全球的文化产业研究有着先导的作用，对随后的研究产生了重大的影响。欧洲创意指数为中国文化产业评价指标体系的构建提供了基础的理论模型，但是部分指标和考察的数据不适用中国的基本国情，针对中国的国情，还需要具体问题具体分析。由于欧洲创意指数是在欧洲发展背景基础上构建的，因此包容指数对于发展中国家或地区的适用性受到质疑。

2.3 国内文化产业发展指数及相关研究

（1）中国文化产业发展指数

上海交通大学以胡惠林的文化产业学为理论核心、文化经济学和文化政策学为理论支撑，提出“两大指标”“三大梯队”“五种类型”的中国文化产业发展指数分析的理论框架与测评模型。他们提出中国文化产业发展指数由内涵指数和表征指数两套体系综合而成，并在此基础上构建了中国文化产业发展“多级多指标综合指数体系”（CCIDI），完成了对我国31个省区市文化产业发展总体综合分析评价及排序。

表2-3 中国文化产业发展指数（CCIDI）指标体系

指标体系	一级指标	二级指标
文化产业表征指数（CCIRI）	文化产业发展水平	文化产业发展规模
		文化产业发展速度
		文化产业重要程度
		文化产业集中程度
	文化产业经济影响	文化产业经济贡献
	文化产业社会文化影响	社会人文发展状况
		文化产业就业贡献
		民众文化参与程度
	文化产业发展模式	文化资源转换无形资产能力
		文化资源转换资本能力
文化产业内涵指数（CCIEI）	文化资源丰富程度	非物质文化遗产
		自然遗产
		社会文化资源
		文化领域人才资源

续表

指标体系	一级指标	二级指标
文化产业内涵指数（CCIEI）	重点文化产业发展水平	影视制作业
		出版业
		发行业
		印刷复制业
		广告业
		演艺业
		娱乐业
		文化会展业
		数字内容和动漫产业
	文化产业布局和结构	文化产业规划评估
		文化产业园区和基地
	文化产业增长方式	其他骨干文化企业
		中小文化企业状况
		文化相关融合产业
	文化市场主体	文化企业总量
		国有控股文化企业状况
		上市文化企业状况
	各类文化市场	文化资本要素市场
		城乡文化消费市场
		文化市场经营情况
		文化市场执法情况
	文化产品流通组织和方式	艺术品交易市场
		文化市场连锁经营
	骨干文化企业	民营文化企业
		实力文化企业

续表

指标体系	一级指标	二级指标
文化产业内涵指数（CCIEI）	对外文化贸易	文化出口品牌
		文化贸易水平
	文化产业政策	文化产业法制状况
		文化产业资助状况
		文化建设成效
	文化产业创新能力	科技创新能力
		文化创新能力
		技术能力基础
	社会经济基础	产业结构
		生活水平
		经济规模
		消费结构
		人口规模

（2）中国省市文化产业发展指数

中国人民大学文化创意产业研究中心以改进的联合国教科文组织提出的评价框架为基础，再综合“钻石模型”，构建出中国省市文化产业发展指数指标体系，包括产业生产力、产业影响力、产业驱动力 3 个一级指标，分别从投入、产出、发展环境三个方面测度各省市文化产业发展。

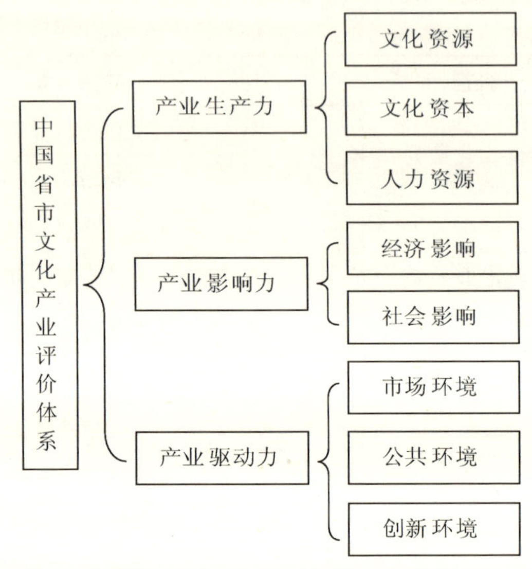

图 2-1　中国省市文化产业发展指数指标体系框图

（3）传媒发展指数

喻国明等（2007）提出传媒发展指数的核心内涵是指不同的环境要素会对传媒组织和传媒业产生不同的约束并决定其选择空间，从而使得传媒组织的行为出现不同的增长特征和发展路径。基于此，他们构建的传媒发展指数包含两个方面，即媒介自身发展和媒介发展环境。如图所示。

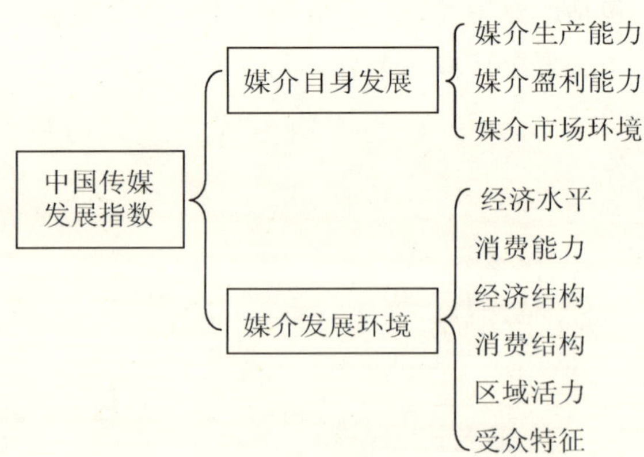

图 2-2　中国传媒发展指数指标体系框图

（4）其他相关指数

香港大学文化政策研究中心构建的香港创意指数，形成独特的“5C”模型，即创意的成果、结构及制度资本、人力资本、社会资本和文化资本。浙江省委宣传部联合浙江省统计局等单位组织开展了“浙江省文化发展指数（CDI）”研究，该指数指标体系由文化资源支撑力、文化价值引领力、公共文化服务力、文化产业竞争力、区域文化创新力、社会公众评价六大领域构成。上海根据《上海创意产业发展重点指南》确定的创意产业内涵与分类，在中国内地首次建立了城市创意指数。史征（2010）以专业市场为依托，编制了义乌文化小商品指数，内容集合了价格指数、竞争力指数和创意指数。唐守廉、朱虹（2014）构建了由资本投入、环境支持、成果产出三类指标构成的文化创意产业评价指标。申维辰、焦斌龙（2004）以文化产业的界定、文化产业的行业划分为入口，设计出了综合评价指标体系。王琳（2005）通过构建了包括总量规模、政府投入、发展水平、市场化程度、对国民经济的贡献、经济效益 6 个一级指标、24 个二级指标的中国城市文化产业综合评价指标体系。薛晓光（2010）在此指标体系中，选出了 11 个二级指标构成了目标体系，并对全国 31 个省市的文化产业进行综合测评。花建（2005）从分析文化产业的基本特征、文化产业竞争力的基本内涵出发，建立了文化产业竞争力综合指标体系。王岚、赵国杰（2009）根据这个指标体系，运用网络层次分析法（ANP）构建评价模型，计算了各个指标的权重。赵彦云等（2006）构建了由文化实力竞争力、市场收益竞争力、文化产出竞争力、公共文化消费竞争力、人才和研创竞争力、政府文化竞争力、文化资源和基础设施竞争力七个要素组成的指标体系，并运用统计正态标准化的方法，对我国 36 个省（市）的文化产业竞争力进行了实证评价。

2.4 国内有关新闻出版业发展相关指数研究

武汉大学黄先蓉和田常清（2013）以迈克尔·波特的“钻石模型”为

理论依据，借鉴国内外相关领域研究成果，围绕结果性指标、直接原因指标和间接原因指标三大系统构建了包括八大要素和二十八个具体指标在内的评价指标体系，并在田常清的博士毕业论文中（2014）以出版产业国际竞争力评价的基础理论研究与现实背景分析为起点，通过深入探讨其构成要素、生成路径、分析框架，构建了出版产业国际竞争力评价指标体系与灰色综合评价模型。彭兆平（2010）在深入研究出版集团特征、外部环境和影响出版集团竞争力的内涵、特征及竞争的外部环境，综合出版集团竞争力评价指标的选取方法，构建了出版集团竞争力评价模型。后毅（2004）对新闻出版行政绩效评价指标体系进行了重点研究，设计出了一套适合我国新闻出版行政绩效评价的指标体系。

2.5 小　结

通过综述可以发现，关于新闻出版业发展指数的研究尚处于空白。尽管学术界关于新闻出版业发展具有部分相关的研究成果，但研究仍存在一些不足之处：一是现有研究以出版产业发展的综合性分析、总结性研究为主，但对诸如发展指数的专题性研究缺乏；二是现有研究在研究方法上主要是以理论分析的定性研究为主，以出版产业发展统计数据为基础的定量分析研究较少。从针对文化产业发展指数的研究来看，已有研究在建立文化发展评价指标体系和分析工具方面进行了积极而有益的探索，对于我们构建新闻出版业发展指数具有一定借鉴意义。但从总体上看，文化发展相关指数研究仍存在一定局限性。第一，已有文化产业发展指数不能够全面描述我国文化产业的发展现状、资源禀赋、环境等因素。第二，由于我国文化产业整体发展的不成熟，很多指标缺乏相关的数据统计，且各地统计口径也不一致，因此个别指标的普遍适用性有待商榷。第三，基于 3Ts 理论的创意指数（包括 3Ts 指数、欧洲创意指数、全球创意指数）建立在对发达国家创意经济的基础上，不完全符合中国文化产业发展特征，而且很多数据在中国环境下很难获得。第四，已有关于产业发展指数相关研究，尚未建立能够对现有指标体系背后的构建机理进行全面解释的理论基础，这使得相关的研究指数对产业发展的解释力度不足。同时，由于新闻出版业仍具有其独特特征，新闻出版业发展指数的构建仍需要结合新闻出版业特征、统计数据的可得性等因素进行综合考虑。

3. 新闻出版业发展驱动因素分析

在经济全球化趋势下，新闻出版产业以其低碳环保的可持续发展特征，成为拉动经济发展的新增长点与转变经济发展方式的关键转折点，作为文化产业的核心要素，代表着一个国家和民族的发展水平与文明程度，是体现国家竞争力的重要组成部分。在此背景下，探寻新闻出版业发展影响因素及其相关作用机制，为提出针对性的建议来推动我国新闻出版业发展，促进文化产业繁荣、推动国民经济迅速发展奠定基础，有着重要的现实意义。新闻出版业的发展受到诸多因素的影响，基于产业发展理论、资源基础观等理论视角以及对我国现实情况的分析，我们将驱动我国新闻出版业发展的因素划分为外部环境与企业主体两大方面因素，每一方面又包含多个细分因素，针对每个细分因素进行分析。

3.1 外部环境因素

新闻出版业的发展受到所在环境的制约与推动，经济发展因素、社会文化需求因素、社会制度环境因素、消费市场因素、科技进步因素、政府行为因素、产业制度因素都会以不同作用机理与作用方式对其发展产生不同程度的影响。

3.1.1 经济发展因素

经济发展水平影响着各个行业的发展。对于新闻出版行业，经济因素通过以下几个方面产生作用。从基础设施角度来看，一个国家或者地区的经济发展水平为新闻出版产业的发展提供了最基本的资源。从社会文化需求角度来看，经济发展水平决定了人们的收入水平，进而决定着人们的消费能力，以及对文化的需求程度，最终影响着文化出版产业的发展。从融资渠道来讲，经济发展水平较高，则出版行业可以获得的融资渠道更多、融资量更大，从而为其发展提供基本保障。

3.1.2 社会文化需求因素

社会文化需求推动了媒介变革（肖东发、杨琳和杨屹东，2006），社会文化决定出版形制的发展。纵观历史，我国出版形制包括简牍制度、卷轴制度、册页制度、数字制度，这些都是当时社会文化驱动的产物。以造纸术产生与纸媒介使用为例，西汉时期国家政权巩固，经济繁荣，为了加强对全国的统治，政府公布的法令文件越来越多，教育事业也日趋发展，这些现象都使得简帛等旧的书写材料与新的社会需求间的矛盾日趋尖锐，人们迫切需要一种新的书写材料来代替笨重的竹木简牍和昂贵的丝帛。因此，社会经济、政治、文化等方面的发展为造纸术的发明提供了客观条件。

社会文化转变是直接决定消费者消费文化产品行为发生变化的重要因素（周坤，2015），进一步影响新闻出版行业的发展。网络文学出版背后蕴含的社会文化因素是一个典型例子。消费主义文化观是解释网络文学繁荣的一个重要因素。消费主义是一种关于消费选择的价值观念和生活方式，人们在消费的过程中将消费行为当作唯一的目的，利用这种行为来满足人们的需要及促进社会发展。近年来，消费主义文化观在我国商品经济市场中不断渗透，作为出版产业重要的组成部分，文学的创作、生产、传播、消费等过程都受到消费主义文化观的影响。网络文学更加符合消费主义文化的大背景与消费者的内在精神文化诉求。消费主义文化观催生网络文学在信息爆炸的社会中产生阅读审美大众化、消费行为的快餐化、产业运营的市场化等特征。

3.1.3 社会制度环境因素

出版行业所嵌入的制度环境是决定其生存与发展的关键因素。20 世纪 90 年代中期开始，出版业与传媒、网络、电信之间的融合很大程度上改变了传统的出版业态。与此同时，激光照排、数字技术两次技术革命为出版业的发展提供了技术引擎。相关管理部门通过各种措施积极推动传统出版业向现代出版业的转换，构建以数字化生产、数字化内容与网络化传播为主要特征的新型文化产业。同时，出版管理部门通过制定与实施技术、硬件、流程、平台等方面的标准体系来加强对出版产业数字化转型的引导与监管。

3.1.4 消费市场因素

（1）消费观念因素

民众的消费观念决定其对可支配收入的分配方式，进而影响其对消费对象、消费方式的选择与实施的标准。随着人们收入与生活水平的提高，消费需求增长的强劲热点将逐渐从传统的满足衣食住行基本消费品向满足身心健康需求的更高层次消费品转移，不仅包含物质需求，更加强调对深层次的精神需求的满足，文化熏陶与知识汲取是人们提升精神素养的根本途径。这就要求出版生产既要满足人们精神方面（出版物内容）的文化消费，又要满足其对高品位物质产品（出版物的形态）消费的需求。这个要求驱动现代新闻出版产业，一方面强化对内容的管理，内容始终是出版业的灵魂；另一方面，随着中国出版业数字化、网络化、信息化的进程，出版业在出版物形态上不断朝多元化、数字化趋势发展。

有观点认为未来新消费从需求角度向三个方向发展，其中两点为：以追求自身形象和居住环境提升为终极目的的“美丽产业”、以追求精神愉悦、放松休闲为终极目的的“快乐产业”。人们对自身形象与居住环境的提升，以及追求精神愉悦、放松休闲的诉求都将驱动人们对新闻出版业的消费需求，进一步驱动出版行业内容与出版物形态的发展。

（2）消费行为因素

随着知识经济时代的到来，知识的经济性、时效性越来越强，这就要求人们更快速地掌握知识。从而，人们对获取信息与知识的媒介形式的关注开始发生改变。数字阅读媒体与传统纸质书籍相比，其周期更短、中间环节更少，这是越来越多的消费者在获取知识与信息的过程中，会倾向于选择数字阅读载体，比如，电子书、手机等的重要原因。人们对阅读媒介的消费观念与行为的改变，直接影响出版业产业结构的发展，使得传统纸质出版物受到数字出版物的影响，实体书店受到电商的巨大冲击。

需求决定供给。我国国民的阅读需求与行为是决定我国出版业规模的关键因素。1999 年至 2014 年，中国新闻出版研究院进行了 11 次全国国民阅读调查，结果显示，国民图书阅读率 1999 年时为 60. 4%，此后多年呈倒退趋势，2005 年仅有 48. 7%，2013 年回升至 57. 8%，但增速依然缓慢。从阅读本数来看，2013 年，中国国民人均纸质图书的阅读量仅为 4. 77 本；比韩国的 11 本、法国的 20 本、日本的 40 本、犹太人的 64 本少得多。随之而来的是国内人均图书消费量 20 年徘徊不前的事实。1990 年至 2009 年，我国人均图书消费量只增加不到 1/2，2013 年为止只有发达国家的几分之一甚至十几分之一（潘启雯和任志茜，2014）。当然也应该看到，虽然国民纸质阅读量徘徊不前，但是，数字媒体阅读量有所提升，这一现象在逐渐拉动我国传统纸质出版业向数字出版方向发展的作用将越来越明显。

3. 1. 5　技术进步因素

新古典增长模型将技术进步纳入模型当中，$G=a\triangle K/K+(1-a)\triangle L/L+\triangle T/T$，$\triangle T/T$ 代表技术进步，认为技术进步是推动长期经济增长的关键。技术进步因素指新闻出版业发展所需的科学技术条件，包括社会整体科技水平、国家科技体制政策、新闻出版业科技研究成果、相关科学技术的推广与运用等（唐奇展和付琦，2013），如新闻出版媒介的新材料、新工艺、新设备、新技术、新管理方式都属于技术因素范畴。新技术丰富了出版物的内涵与形式，提高了出版业生产效率，降低生产成本，是推动出版业发展的重要因素。分析出版业的历史可以发现，出版业经历的 3 次技术革命：活字印刷术、激光照排技术、数字出版技术都曾经作为或者正在作为引擎，对相应历史阶段出版业的发展发挥了巨大的作用。以数字媒体技术为例，新媒体技术已经渗透到传统出版业的各个环节，使其在产品形态、运作方式、流通渠道等方面发生了重要变化，促进了数字内容产业的快速形成与融合发展（陈丹，2008）。

3.1.6 政府行为因素

政府行为是驱动我国出版产业发展的重要因素之一。政府通过两个方面对出版业发展产生作用。首先，政府通过制定相关法律法规约束出版业经营行为，通过制定相关政策引导出版产业的发展方向与战略布局，规定与推动其体制结构的改革。其次，政府通过出台各项政策为出版业的发展提供资源，比如，通过投资与鼓励技术创新，健全网络、图书馆等基础设施的建设，直接为出版产业数字化发展提供基础资源以及通过培育与引导消费者对文化产品的消费推动出版业的发展。再次，政府通过财政投入、项目补贴等专项支出来直接拉动新闻出版企事业单位的投资，为其发展注入资金支持。我国全民阅读立法列入国家立法程序，将全民阅读纳入到法律制度层面。同时，2014 年《政府工作报告》提出“倡导全民阅读”，通过号召形成鼓励、引导全社会热爱阅读、支持阅读的氛围，体现出我国从政府层面、国家战略高度对全民阅读的推进。随后，国家新闻出版广电总局发布《关于开展 2015 年全民阅读工作的通知》，进一步通过丰富优秀出版产品供给、加强优秀读物推荐引导等十一项内容推动全民阅读的发展。

3.1.7 产业制度因素

中国出版业的制度环境主要从准入制度、内容构成、产权制度方面对出版行业的发展产生制约作用。出版行业准入制度表现在以下方面：第一，出版单位的设立条件；第二，出版业务准入。内容质量是出版业的生命，我国的出版业内容制度不仅体现为相关法律，同时也体现为国家鼓励制度创新的政策文件。关于法律制度，国家出台了一系列法律来强制性约束出版企业的经营行为。比如，2016 年修订的《出版管理条例》中第 25 条对出版物不得含有反对宪法确定的基本原则等十项内容的规定。我国全民阅读立法列入国家立法程序，将加快推动《全民阅读促进条例》立法进程，并发布《国家全民阅读中长期规划》。

关于鼓励制度创新方面，比如，2011 年我国《新闻出版业“十二五”时期发展规划》对推动内容创新，抓好国家重大出版工程、重点学术期刊等精品工程重点任务的规定。出版业的产权制度是决定我国出版行业发展的关键因素。近年来，我国出台了一系列关于产权制度变革的相关法律、法规、政策、文件。其中，2009 年是我国出版体制改革的关键性一年，国家新闻出版总署印发《关于进一步推进新闻出版体制改革的指导意见》，明确提出新闻出版行业要全面完成经营性新闻出版单位转制任务，建立现代企业制度等目标以及新闻出版体制改革的主要任务，即推动经营性新闻出版单位转制，重塑市场主体等内容。

3.2 企业层面因素

除了外部环境对出版企业的发展产生作用，出版企业层面因素，包括企业制度、企业家精神、企业资源等，都是驱动其生存与发展的直接与关键因素。

3.2.1 企业制度因素

(1) 公司治理结构

公司治理结构是现代企业制度的核心，是决定企业能否高效运作的关键。公司治理结构是一种权衡出版企业利益相关者之间权力与责任关系的制度，越来越成为决定出版企业核心竞争能力构建以及核心资源获取与效能实现的重要因素，对于核心能力的培养与决策水平的提升都起到基础性作用（杨东星，2013）。我国新闻出版企业完成转型后，将会丧失曾经拥有的政策与行政垄断等优势，需要以独立市场主体的身份进入市场中参与竞争。在此种背景下，建立科学完善的公司治理结构是我国新闻出版企业谋求生存与发展的基础要求。构建合理、完善的公司治理结构，使其充分发挥监督与管理作用，能够降低委托代理、内部人控制、激励约束机制弱化等问题，而且能够增强出版企业符合出版市场运行规律、科学高效的决策能力，提高出版企业的资源整合与利用能力，建立能够有效规避出版市场经营风险、迅速应对出版市场环境变化和占领与巩固市场高地的核心竞争力。这对于面临空前激烈的市场竞争的新闻出版企业而言，具有重要的战略意义。新闻出版企业建立公司治理机构，其核心是妥善处理由于所有权与经营权分离而产生的委托代理关系，即股东与董事会之间的关系，以及董事会与职业经理人之间的关系。具体内容包括建立对股东利益负责任、忠诚、勤勉的董事会机构，董事会通过相关制度有效监督与激励经理人以及能够平衡出版社各利益相关者利益关系等核心问题。

目前在西方国家，出版业建立了公司制，设立了由股东会、董事会、监事会等机构组成的公司治理结构，已经构建了相对完善的权责相配的激励与约束机制。而在中国，为数不少的出版企业还没有建立现代企业法人治理结构（新闻出版局课题组，2012）。另有一些企业建立了形式上的治理结构部门，但是并未真正发挥效应。虽然目前我国多数国有出版单位已经完成转制，但治理结构机制不完善，相当一部分出版集团是为了遵守工商登记的要求而建立监事会、董事会（赖政兵，2012）。为了保证股东会、董事会、监事会能够真正发挥应有的职能，需要确保出资人到位，首先要明确出资人。国有资产代表不确定或者定位不准确，将导致所有者与经营者权利与义务不明确，容易滋生内部人控制。目前，出版社基本完成了出资人的界定，比如，103 家高校出版社、中国电力出版社等。其次，应该健全现代出版企业股东会、董事会、监事会制度，充分发挥其监督与管理职能。为了制衡与解决“一股独大”问题，出版企业可以考虑积极引进战略投资者，这有助于提高股东权力的平衡与决策科学性，同时可以借助投资者提供的资金、管理、市场、人才等资本，增强企业的创新能力，提高市场占有率。已经有部分企业在引进战略投资者方面取得一定的成效，比如，新华传媒、出版传媒等。关于董事会职能的发挥，需要规范董事会的权利与义务，根据董事会的职能与作用，建立各职能委员会，使其各司其职。同时，可以建立允许职工代表进入董事会与监事会的机制，对董事会职能发挥形成一定监督与制衡作用。

（2）内控体系

内部控制体系是提升企业经营管理水平和风险防范能力的重要举措。建立与实施内部控制体系，能够减少内部人控制问题，提高决策的科学性与资源利用的有效性以及组织运行的规范性，使得权责更加统一与明确。内部控制体系渗透于公司治理、风险管理、质量管理、信息系统、审计监督等组织的一系列活动中，有效的内部控制系统将有助于约束各项活动的规范性。对于出版企业，投资决策、生产与质量管理、财务管理等方面尤为重要，结合行业特点与企业经营管理情况建立内控体系，能够保证以上方面与企业的发展战略相适应，提高企业的运营效率。

（3）激励机制

系统的激励机制对于现代企业生存与发展非常关键，尤其是对于我国目前正处于建立现代出版企业制度的重要阶段的新闻出版企业。科学有效的激励机制能够充分调动员工的积极性，激发经营者和员工的工作热情、创新性以及主人翁意识，可以更大限度地发挥人力资本的价值，提高企业的经营效率、减少浪费，增强企业的创新与应对不确定性能力。其中，尤其需要关注对于经营者的激励机制的建立。有效的激励机制是降低代理成本的重要途径。目前我国多数出版社在激励机制方面呈现以下特征：第一，激励方式单一，缺乏多样性；第二，激励政策随意性大，未建立稳定制度保障；第三，以短期激励为主（郑豪杰，2012）。这些问题导致现有激励机制不能够对经营者与普通员工形成有效激励与制约，同时容易助长短期行为，不利于企业长期可持续发展。

我国出版企业在激励机制的完善方面应该加强长期机制的构建与实施，应注重激励方式的多元化。股票期权作为一种长期激励机制，能够将持有人的利益与公司长期利益结合起来，使被激励者更加关心企业未来，能够激发他们的积极性与创造力，减少管理者的代理成本。国务院办公厅发布的《关于印发文化体制改革中经营性文化事业单位转制为企业和进一步支持文化企业发展两个规定的通知》提出要探索特殊管理股试点和股权激励试点。部分企业开始尝试股权激励，比如，凤凰传媒开始着手实施管理层股权激励试点方案。天舟文化在2014年半年报中强调，他们将“不断完善公司激励机制、积极探讨制定股权激励制度，构建适合公司发展的人力资源建设规划，为员工创建良好的职业环境和事业发展舞台”。在构建激励方式多样性方面，除了考虑长短期激励的结合，也要考虑激励内容方面的多样性，应该提升对非物质激励机制的关注。在我国，精神激励机制很少被赋予重视。精神激励包含很多种形式，比如，在对待人才的态度方面应该秉持尊重其人格的原则；应该注重员工的长期发展，结合他们的兴趣、特长、意愿等帮助他们设计职业生涯规划，将其职业生涯发展与企业的发展战略目标结合起来，并为他们提供提升个人能力与素质的平台与相关资源。

3.2.2　企业家精神

企业家精神对组织的生存和发展起着重要作用。日新月异的技术进步与日益激烈的全球化竞争使企业必须重视通过企业家精神来提高企业竞争优势与竞争地位。企业家精神的含义是指企业家精神渗透于整个公司中，研究认为企业家精神是推动企业创新的重要动力（Audretsch 和 Feldman，1996）。拥有创新精神的企业具有更强烈的追求新知识、新技术和新模式的倾向。同时，企业家精神中包含先动和承担风险特质，拥有这两个特质的企业在预测市场环境方面具有更敏锐的能力，而且在开拓市场、研发与创新方面敢于承担更大风险。企业家精神通过持续推动战略的调整与更新来推动创新。

出版产业转企改制以后，面临着高度动态化的竞争环境，更加要求出版企业能够敏锐感知市场环境，快速掌握市场先机，并且不断地学习新的知识、技术，而企业家精神作为推动企业创新与发展的重要力量，对于出版企业的作用更加关键。具有企业家精神的出版企业，能够快速识别和把握市场机会，提高出版企业制定决策的质量与效率。企业家精神能够推动出版企业不断学习新知识、技术，并且推动企业不断创新。出版企业属于知识资本密集型产业，创新与学习是生存发展的基本要求，唯有持续的创新与学习，才有可能为市场提供满足其需求的产品，同时实现企业经济的效益与社会效益。

3.2.3 企业资源

（1）人力资源

有价值、稀缺的、不可模仿和不可替代的资源能够给出版企业带来竞争优势。出版企业面临着愈加激烈的竞争，而竞争的关键是人才，人力资源是构成出版企业竞争优势的关键资源。对于知识密集型的新闻出版业，人力资源决定出版业运营各节点的质量与效率，涉及新闻采集、选题策划、材料汇编、内容润色、营销、物流、版权交易与代理等，以及整个产业链的总体效益。人力资源是推动研发与创新、成果商业化运作的根本推动力。尤其是在当前“互联网+”背景下，专业性高素质人才更是在移动互联、网络等媒介进行商业运营以及向数字化转型的重要基础。

随着人们对文化需求多样性的提高，出版企业需要涵盖的学科范围不断拓展。人们生活习惯的改变催生很多新的产品形式与消费形式，加上科技的不断更新，使得出版产品以视频、电子书等多形式承载。而且对很多领域的知识的专业性要求更高。多学科、多领域的人才依托其专业化与多元化相结合为特征的知识与能力有利于创造与生产高质量、创新性的产品。为了吸引与留住优秀人力资源，出版企业需要强化激励机制，建立长期与短期相结合、物质与非物质相结合的注重员工长期发展的激励机制。其次，对于员工的管理与机制，应该更加注重在按照员工的价值性、稀缺性、不可替代性、不可模仿性进行评估与分析的基础上，建立相对应的管理与激励机制。如首席记者、首席编辑、资深策划人、优秀营销人员、资本运营官等具有较高价值性、稀缺性与难以模仿性，应该给予更完善的激励机制作为保证。

（2）版权资源

版权资源是出版企业的核心资源，版权规模与质量是决定出版企业向顾客提供满足其多元化需求能力的决定因素（华宇虹、张志林和邹静静，2008）。新闻出版企业通过生产、管理、运营版权内容形成版权资源，是构成企业核心竞争能力的关键。例如，版权资产始终是德国贝塔斯曼出版集团生存发展的核心资源，对其2010年销售收入分析可知，版权许可销售占到总销售收入的46.7%，与版权产品衍生品广告销售与开发等占总收入的15.7%。但是在当前，我国包括新闻出版企业在内的文化企业版权资产管理整体上基础较为薄弱。而相关数据显示，至2013年底，我国国有文化企业的账面价值中，版权等无形资产的价值仅占总资产的2%左右。版权资源是互联网时代构建核心竞争力的关键，出版企业作为内容提供者，应该秉持经营理念，并将其纳入企业的基本战略当中进行制定与实施。

3.2.4 信息化建设水平

内部信息化建设水平反映的是企业运营应用现代信息技术的能力，网络与信息化已经成为驱动新闻出版业发展的重要技术因素。无论是传统新闻出版业对新闻采集、材料的汇编、内容的润色，到出版物发行时的营销、包装、物流，到版权的交易、代理一系列经营活动的基于信息技术关于流程的改进或重构，还是对于数字出版业，彻底地基于信息技术对于经营模式与流程的组织，都体现出网络与信息技术能力成为决定新闻出版业发展的重要资源。

3.2.5 企业文化

企业文化是一种具有品牌效应的无形资产，具有强大的生命力和扩张力；企业文化虽然不能够直接为企业产生经济效益，但能够通过对人的影响，进一步影响企业的生产、市场、销售与顾客的消费，从而对企业的经济效益产生影响，同时也通过提高员工的满意度、为员工提供发展路径与机会，为社会提供就业，以及满足顾客需要，提供合格满意产品等创造社会效益。企业文化作为企业的一种软实力，决定企业的可持续发展能力，是推动企业发展的巨大文化生产力。由于新闻出版业具有社会属性与文化属性，因此企业文化对于企业的生存与发展具有更加重要的作用。出版行业员工的报酬与其他行业相比并不具有竞争能力，企业需要留住核心人力资源，需要更加注重企业文化在吸引与留住员工方面的作用，优秀的出版企业文化能够提高企业凝聚力，即提高全体员工对于企业目标的认同程度，提高员工公平感及工作满意度。同时，优秀的企业文化能够激发员工的积极性、主动性、创造性发挥程度，提高企业创造与生产更优秀出版物的能力。

4. 评价指标体系的设计思想和原则

4.1 设计思想和理论基础

我们在对已有指标体系分析、“评价”内涵挖掘以及新闻出版业调查的基础上，本书基于以下理论基础构建新闻出版业发展指数综合评价体系：产业组织理论的 SCP 分析框架、柯布—道格拉斯生产函数、制度经济学理论的制度分析逻辑以及波特的钻石模型。

4.1.1 产业组织理论的 SCP 分析框架

SCP 理论是哈佛大学产业经济学权威贝恩等人建立的三段论式的产业分析范式。作为正统的产业组织理论，哈佛学派以新古典学派的价格理论为基础，以实证研究为手段，按结构、行为、绩效对产业进行分析，构架了系统化的市场结构（Structure）——市场行为（Conduct）——市场绩效（Performance）的分析框架（简称 SCP 分析框架）。该理论对于研究产业内部市场结构、主体市场行为及整个产业的市场绩效有现实的指导意义，是产业经济学中分析产业组织的正统理论。在 SCP 框架中着重突出市场结构的作用，认为市场结构是决定市场行为和市场绩效的因素。分析程序是市场结构决定企业在市场中的行为，企业市场行为又决定经济绩效。

SCP 模型，分析在行业或者企业受到表面冲击时，可能的战略调整及行为变化。SCP 模型从对特定行业结构、企业行为和经营绩效三个角度来分析外部冲击的影响。

外部冲击：主要是指企业外部经济环境、政治、技术、文化变迁、消费习惯等因素的变化。

行业结构：主要是指外部各种环境的变化对企业所在行业可能的影响，包括行业竞争的变化、产品需求的变化、细分市场的变化、营销模型的变化等。

企业行为：主要是指企业针对外部的冲击和行业结构的变化，有可能采取的应对措施，包括企业方面对相关业务单元的整合、业务的扩张与收缩、营运方式的转变、管理的变革等一系列变动。

经营绩效：主要是指在外部环境方面发生变化的情况下，企业在经营利润、产品成本、市场份额等方面的变化趋势。

4.1.2 制度经济学理论的制度分析逻辑

老制度经济学代表性人物之一康芒斯认为，制度是人类社会经济演化的动力。新制度经济学的重要内容——制度变迁理论的代表性人物诺斯认为，在决定一个国家的经济增长和社会发展方面，制度具有决定性的作用。

制度经济学理论用进化或演进的眼光来看待经济世界，这是制度分析方法的一个突出特征。其实质是用动态的、在生物学意义上不断发展变化的眼光来考察人类经济行为。这种情况开始于制度经济学家的鼻祖——凡勃仑（Veblen），从他开始就明确地将对制度的分析纳入到经济学研究的框架中，更关心导致经济系统发生变化的制度因素和制度变化的方向。制度分析方法特别看中制度的演进，而且认为促进制度演进的真正动因是技术的变化或技术的能动性，同时还认为技术变化和经济政策之间存在着一种互动关系。因此，这一研究方法说明，具体经济政策的制定必须建立在对技术及其变化充分理解的基础之上。同时说明，经济发展中的各种问题是在制度演化过程中所形成的，因而要解决这些问题，必须在制度演化的动态过程中去寻找问题形成的真正原因。

4.1.3 柯布—道格拉斯生产函数

经济学中柯布—道格拉斯生产函数是用来预测国家和地区的工业系统或大企业的生产和分析发展生产的途径的一种经济数学模型。

$Y=A(t)L^{\alpha}K^{\beta}\mu$

式中Y是工业总产值，A是综合技术水平，L是投入的劳动力数，K是投入的资本。从这个模型看出，决定行业发展水平的主要因素是投入的劳动力数、固定资产和综合技术水平（包括经营管理水平、劳动力素质、引进先进技术等）。

4.1.4 波特的钻石理论

“钻石模型”是由美国哈佛商学院著名的战略管理学家迈克尔·波特提出的。波特的钻石模型用于分析一个国家某种产业为什么会在国际上有较强的竞争力。波特从生产要素、市场需求、相关产业、企业战略与结构、政府政策、机会等六个方面解释国家竞争优势来源。波特提出国家繁荣是政府的选择，建议政府采取使国内市场竞争更加激烈的措施来提高竞争力。

波特将生产要素划分为初级生产要素和高级生产要素，初级生产要素是指天然资源、气候、地理位置、非技术工人、资金等，高级生产要素则是指现代通讯、信息、交通等基础设施以及受过高等教育的人力、研究机构等。从另一个角度，生产要素被分为一般生产要素和专业生产要素。高级专业人才、专业研究机构、专用的软、硬件设施等被归入专业生产要素。越是精致的产业越需要专业生产要素，而拥有专业生产要素的企业也会产生更加精致的竞争优势。一个国家如果想通过生产要素建立起产业强大而又持久的优势，就必须发展高级生产要素和专业生产要素，这两类生产要素的可获得性与精致程度也决定了竞争优势的质量。如果国家把竞争优势建立在初级与一般生产要素的基础上，它通常是不稳定的。

国内需求市场是产业发展的动力。国内市场与国际市场的不同之处在于企业可以及时发现国内市场的客户需求，这是国外竞争对手所不及的，因此波特认为全球性的竞争并没有减少国内市场的重要性。

波特指出，本地客户的本质非常重要，特别是内行而挑剔的客户。假如本地客户对产品、服务的要求或挑剔程度在国际间数一数二，就会激发出该国企业的竞争优势。这个道理很简单，如果能满足最难缠的顾客，其它的客户要求就不在话下。另一个重要方面是预期性需求。如果本地的顾客需求领先于其他国家，这也可以成为本地企业的一种优势，因为先进的产品需要前卫的需求来支持。

对形成国家竞争优势而言，相关和支持性产业与优势产业是一种休戚与共的关系。波特的研究提醒人们注意“产业集群”这种现象，就是一个优势产业不是单独存在的，它一定是同国内相关强势产业一同崛起。以德国印刷机行业为例，德国印刷机雄霸全球，离不开德国造纸业、油墨业、制版业、机械制造业的强势。美国、德国、日本汽车工业的竞争优势也离不开钢铁、机械、化工、零部件等行业的支持。有的经济学家指出，发展中国家往往采用集中资源配置，优先发展某一产业的政策，孤军深入的结果就是牺牲了其他行业，钟爱的产业也无法一枝独秀。

波特指出，推进企业走向国际化竞争的动力很重要。这种动力可能来自国际需求的拉力，也可能来自本地竞争者的压力或市场的推力。创造与持续产业竞争优势的最大关联因素是国内市场强有力的竞争对手。

机会是可遇而不可求的，机会可以影响四大要素发生变化。波特指出，对企业发展而言，形成机会的可能情况大致有几种：基础科技的发明创造；传统技术出现断层；外因导致生产成本突然提高（如石油危机）；金融市场或汇率的重大变化；市场需求的剧增；政府的重大决策；战争。机会其实是双向的，它往往在新的竞争者获得优势的同时，使原有的竞争者优势丧失，只有能满足新需求的厂商才能有发展“机遇”。

波特指出，从事产业竞争的是企业，而非政府，竞争优势的创造最终必然要反映到企业上。即使拥有最优秀的公务员，也无从决定应该发展哪项产业，以及如何达到最适当的竞争优势。政府能做的只是提供企业所需要的资源，创造产业发展的环境。

政府只有扮演好自己的角色，才能成为扩大钻石体系的力量，政府可以创造新的机会和压力，政府直接投入的应该是企业无法行动的领域，也就是外部成本，如发展基础设施、开放资本渠道、培养信息整合能力等。从政府对四大要素的影响看，政府对需求的影响主要是政府采购，但是政府采购必须有严格的标准，扮演挑剔型的顾客；采购程序要有利于竞争和创新。在形成产业集群方面，政府并不能无中生有，但是可以强化它。政府在产业发展中最重要的角色莫过于保证国内市场处于活泼的竞争状态，制定竞争规范，避免托拉斯状态。

我们将结合以上理论深入探究产业发展指数的理论基础，这将弥补现有研究对于产业发展指数构建的理论基础缺失的不足。根据预研情况，我们提出新闻出版业发展指数的评价体系由以下四方面因素构成：新闻出版产业环境、新闻产业条件、新闻出版产业主体、新闻出版产业绩效。

以上提到的理论是对一个国家或地区产业竞争力关键因素及其互动关系的整体说明。就新闻出版业而言，这些理论不可能完全适用，会受到新闻出版业特殊性、市场机制、经济体制、政府管理、区域文化等条件的影响和制约，会使一些关键因素有所不同。我们提出的评价指标体系，实际是应用以上理论方法对现阶段新闻出版业发展和竞争力的关键要素做出基本判断。从实际角度看，评价指标体系是对新闻出版业活动的系统揭示，包括现实竞争力的优势要素和劣势要素表现，以及我国新闻出版业的核心竞争力。在分析层次上，要以评价指标体系为基础，从数据调查整理和数据库建设、要素体系分析、竞争优势劣势研究、提升产业竞争力对策研究等方面，建立新闻出版业发展评价体系。

4.2 构建指标体系的基本方法

新闻出版业发展指标体系中评价指标的选取方法有很多，概括起来有定性和定量两种方法。

（1）定量选取评价指标

定量分析就是根据指标间的数量关系运用数学方法筛选指标体系。这类方法的优点是指标选取比较客观、数学论证严密。但是这种方法也有明显缺陷，首先数据收集与整理的工作量大；其次这种方法对指标的去留过于依赖数据质量；最后，指标之间逻辑关系不明确，有时甚至难以接受。

（2）定性选取评价指标

定性分析选取指标的方法就是运用系统思想，根据评价目标对评价对象的结构进行深入的系统剖析，把评价对象分解成不同的侧面，在对每一个侧面的属性进行深入分析的基础上提出反映各个侧面的衡量指标，这些指标组合起来构成指标体系。

这一方法要求分析人员对评价对象有深入的了解，必须深入到评价对象的内部及本质，将评价对象分解成不同的侧面，针对每个侧面选取最合适的指标。这一方法的缺点是指标选取的主观性较强。但这种方法最大的优势是指标之间存在逻辑关系，指标体系能够完整反映评价对象的全貌。

4.3 指标体系设计的原则

新闻出版业发展指标体系设计需要强调以下几条原则：

（1）科学性原则

科学性是指标体系的基本要求。必须从新闻出版业发展实际出发，选取的指标能客观真实地反映我国新闻出版业发展的整体水平和发展趋势，同时也能反映各地区新闻出版业的发展情况。科学性还要求指标体系的权重设定应客观，数据必须真实可靠，计算方法必须科学合理。

（2）静态与动态相结合原则

对新闻出版业发展情况的评价不仅是针对现实状况或结果而且还针对它的发展潜力、资源要素的流动状况，看其能否持续地保持发展态势。因此，在指标体系中既要考虑现有的发展水平和基础，还要反映发展的潜力和动力。

（3）行业性原则

在指标体系设计中，既要从一般行业发展的角度去考虑新闻出版业发展的评价指标，还要根据新闻出版业特有的行业属性，从政治功能、社会功能、文化功能和娱乐功能等层面，反映新闻出版行业特色的指标。在权重设计时，要考虑新闻出版业的“以社会效益优先，社会效益和经济效益相统一”的产业定位，处理好在评价发展质量过程中社会效益和经济效益的关系。

（4）系统性原则

新闻出版业竞争力是一个复杂的系统。我们把该系统分解为由四大要素构成的结构，表现出很强的系统性，这一特性在评价指标体系设置中应予以充分反映。本书将新闻出版业发展评价系统分解为四大子系统，即产业发展环境、产业发展条件、产业发展能力以及产业发展绩效，每个子系统下对应指标为 3 到 4 个，采用了发展评价中常用的对称设计思想。对应指标自下而上综合，自上而下分解，形成评价指标体系结构。我们只设计三级指标，是考虑到本指标体系是为实际服务的，指标体系层次过多会造成指标关系复杂，要素关系难以测度，测量误差增加等实际问题。

（5）导向性原则

新闻出版业发展评价指标体系以及在此基础上构建的新闻出版业发展指数，其研究的主要意义是为新闻出版业发展做客观测度，并通过量化结果来分析产业存在的问题。因此，指数研究应该能够为新闻出版各级政府决策部门提供重要的参考依据，引导和促进我国各地区新闻出版业的科学发展。

（6）可操作性原则

为使新闻出版业发展指数能够在实际测量过程中便于操作，需要各指标在采集、收集和处理等环节注意可操作性。对于有些虽然反映科学合理性的指标，但如果很难收集到量化数据，又不方便开展定性评价时，要考虑替代性指标。因此，指标体系中需要的数据最好能够从各种公开统计数据中获得，有关的测量口径也应尽量与国家的统计口径一致。

5. 评价指标体系的内容

5.1 总体思路

我们把对新闻出版业的统计测度看作一个不断发展的过程，评价指标体系是在发展指标体系基础上的补充、丰富和扩展。首先，发展指标体系的成果是评价指标体系的重要组成部分。其次，评价指标体系在更广、更深的层次上测度新闻出版业。

其中，一级指标设计的总体思路按 SCP 的范式。

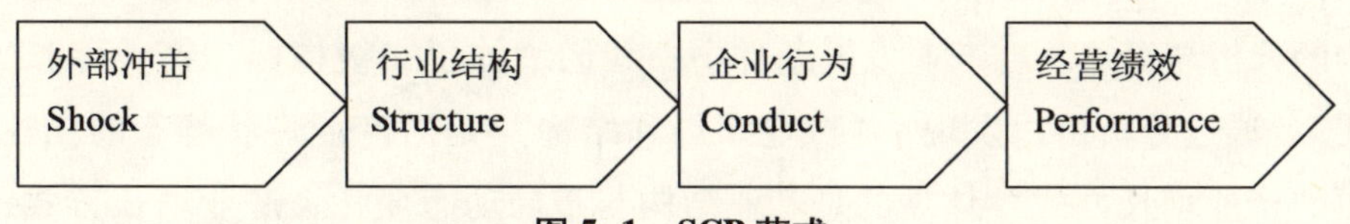

图 5-1　SCP 范式

其中，外部冲击主要是产业发展环境。所以一级指标分为产业发展环境、产业发展条件、产业发展能力以及产业发展绩效。对二级指标的设计主要以生产函数和波特钻石模型为理论依据。

现对评价指标体系一级指标的四个要素解释如下：

第一，产业发展环境：主要是指新闻出版业面临的外部经济环境、政治、技术、文化变迁、产业法制情况、知识产权保护、政府金融和税收优惠等因素的变化。

第二，产业发展条件：主要是指外部各种环境的变化和产业资源对新闻出版业可能的影响，包括产业资源（人力资源、资本资源、科技资源、文化资源)、产业结构和布局（产业集中度、进入和退出壁垒、产业园区建设)、产业增长方式和市场竞争情况等。

第三，产业发展能力：主要是指企业针对外部的冲击和行业结构的变化，有可能采取的应对措施，包括企业方面对相关业务单元的整合、业务的扩张与收缩、营运方式的转变、管理的变革等一系列变动。

第四，产业发展绩效：主要是指产业发展水平、产业经济贡献和产业的社会文化影响等。

5.2 二级指标构建

5.2.1 基于 SCP 范式的构建

从 SCP 范式角度来分析，一级指标“产业发展环境”包含的三个二级指标“社会经济基础”“产业政策与法规”“相关与支持性产业”分别体现新闻出版业受到经济环境、政治、相关产业发展情况的冲击与影响。一级指标“产业发展条件”包含的二级指标“产业布局和结构”是对产业结构的分析与衡量。在产业发展条件中，我们增加了二级指标“产业增长方式”。通过分析可以发现，“产业布局和结构”是对产业现状静态的描述，而“产业增长方式”体现的是产业结构与布局动态变化，产业增长方式影响产业结构的新形态。因此，我们对于二级指标“产业布局和结构”、“产业增长方式”的设置同时涵盖了对产业发展条件的静态和动态进行了分析与衡量。产业布局与结构，是由产业内企业对有限资源的整合与使用取得的结果所形成的，“产业资源”的拥有情况决定产业布局与结构的态势。我们在反映产业结构的一级指标“产业发展条件”中设置二级指标“产业资源”。

一级指标“产业发展能力”包含三个二级指标：“企业创新能力”“企

业竞争能力”“企业成长能力”。“企业创新能力”“企业竞争能力”“企业成长能力”三个指标体现SCP范式中的企业行为，企业的创新是驱动企业成长的重要因素，企业对于创新能力的构建是企业可持续发展能力的重要体现。企业竞争能力、成长能力的提高是企业追求经济与社会效益的基础。

一级指标“产业发展绩效”体现的是SCP范式中的经营绩效。本书构建的二级指标包含：“产业发展水平”“产业经济贡献”“产业社会文化影响”。“产业发展水平”“产业经济贡献”是从经济效益视角对新闻出版业发展绩效水平进行的衡量，而“产业社会文化影响”的设置是结合了新闻出版业的文化属性的考虑，是对新闻出版业所产生的社会文化发展绩效进行的衡量。

5.2.2 基于钻石模型的构建

波特钻石模型认为，决定一个国家的某种产业竞争有四个主要因素：生产要素，需求条件，相关产业，企业的战略与结构以及竞争对手的表现。另有两个辅助因素：政府行为和机会。钻石模型的四个主要因素的含义如下：生产要素包括人力资源、天然资源、知识资源、资本资源、基础设施；需求条件是指对某个行业产品和服务的国内需求性质；相关产业指国内是否存在具有国际竞争力的供应商和关联辅助行业；企业的战略、结构和竞争企业的表现是指一国内支配企业创建、组织和管理的条件，以及国内竞争的本质。依据钻石模型，我们对二级指标体系与三级指标体系进行了构建。

基于钻石模型，二级指标“社会经济基础”体现的是钻石模型中的需求条件因素，二级指标“产业政策与法规”体现的是钻石模型中的政府行为因素，二级指标“相关与支持性产业”体现的是钻石模型中的相关产业因素，二级指标“产业资源”体现的是钻石模型中的生产要素，二级指标“企业创新能力”“企业竞争能力”“企业成长能力”体现的是钻石模型中的“企业的战略”因素。二级指标“产业布局和结构”“产业增长方式”体现的是钻石模型中的“企业的结构”因素。需要指出的是，鉴于我们主要是对于产业层面分析，将企业结构、竞争对手提升到产业层面，采用对应的产业结构、产业竞争情况来进行分析。

5.3 三级指标构建

5.3.1 一级指标产业发展环境下属三级指标

在一级指标“产业发展环境”中，我们构建了二级指标“社会经济基础”，它体现的是钻石模型中的“需求条件”，经济水平决定了人们对于新闻行业产品的消费能力、消费意愿。三级指标“收入水平”“人口规模”“受教育程度”“人均文化消费”是按照由决定新闻行业需求的基础因素向直接因素递进的顺序进行构建的。“收入水平”用于对“社会经济基础”经济水平的直接描述，是决定新闻行业产品需求的根本因素。“收入水平”决定了“受教育程度”“人均文化消费水平”。

二级指标“产业政策与法规”包含以下三级指标：产业法制状况、版权保护情况、产业资助状况、政府投入。“产业法制状况”体现了我国政府部门对于新闻出版行业进行约束的法律法规的完善程度。“产业资助状况”“政府投入”体现政府为推动新闻出版行业发展给予的财政支持。“版权保护情况”单独提出，是由于新闻出版行业的知识属性特征，版权是驱动新闻出版业企业发展的最核心的资源，对于决定企业发展的关键资源的保护程度体现了政府对于新闻出版业发展的约束与支持情况。

二级指标“相关与支持性产业”包含以下三级指标：通信运营业情况、教育业、文化产业情况。通信运营业为新闻出版产业的产品、服务的开发与运营提供通信网络与信息技术支持。随着技术的进步与发展以及信息时代的到来，通信网络与信息技术已经成为新闻出版业发展的重要支撑，教育业的发展决定了民众的教育程度，一方面塑造新闻出版业消费者的消费意愿，进一步决定消费市场容量，另一方面对新闻出版业人力资本的素质与能力构成影响。新闻出版产业隶属于传媒业，传媒业隶属于文化产业，文化产业、传媒业为新闻出版业发展提供了产业环境与基础。新闻出版业的发展一定程度上受到文化产业发展能力的影响。

5.3.2　一级指标产业发展条件下属三级指标

二级指标“产业资源”包含以下三级指标：人力资源、资本资源、文化资源。在波特的钻石模型框架中，生产要素包括人力资源、天然要素、知识资源、资本资源、基础设施。本书中，产业资源涵盖的人力资源、资本资源与波特钻石模型的相应生产要素一一对应，新闻出版业属于文化产业，文化资源是知识资源的体现，是文化产业构成核心竞争能力的关键资源。二级指标“产业布局和结构”包含以下三级指标：市场集中度、进入壁垒、退出壁垒、产业基地与园区。产业组织理论的 SCP 范式强调产业集中度，提出产业具有不同规模经济，具有不同的市场结构特征，市场竞争和规模经济的关系决定了产业的集中程度，因此，本书对发展指标的构建纳入了市场集中度指标。对于现阶段我国新闻出版产业而言，进入退出壁垒反映了市场机制与政府对于市场结构布局的共同作用结果。产业布局是指产业在一国或一地区范围内的空间分布和组合的经济现象。产业集群是区域产业组织的一种高级组织形式，是文化产业发作的一种极为有效的发展模式，产业集群内部的企业与其它组织机构之间形成一种共生机制，有利于企业之间交流与学习，促进产学研相结合的技术开发与扩散模式的成长，有利于集群内企业形成规模经济。本书纳入对产业基地与园区的考量。

二级指标“产业增长方式”是最基本的用来反映我国或区域内新闻出版业态载体发展状况的指标，包含以下三级指标：企业总量、国有控股企业状况、上市企业情况。对于产业增长的考量，我们从两个角度考虑，即规模与质量，对应的三级指标为，规模通过产业规模来衡量，质量通过“国有控股企业状况”与“上市企业情况”来衡量。进入 21 世纪，信息技术革命与竞争全球化使我国新闻出版业近 30 年通过外延式、数量性、粗放型方式实现的增长方式难以为继，亟待向内涵式、集约型增长方式转变。在内涵式、集约型增长方式下，新闻出版企业要结合自身特点建立发展模式，在不断提高发展质量的同时兼顾推动少数企业成为骨干企业，肩负引领行业发展方向、技术创新使命，对于新闻出版业，国有控股企业与上市公司是两个具有代表性的群体，国有控股企业与民营企业相比，享受更多的政策优惠，拥有垄断资源，在技术创新、经营模式创新以及股权制度改革等方面都起到探讨与试点的引领作用。上市公司与民营企业相比，在融资渠道方面具有更大优势，在管理与技术创新与探索方面起到重要作用。另外，随着新闻出版产业转企改制，越来越多的大型新闻出版企业通过上市途径寻求发展，因此，新闻出版业上市企业具有代表性。

5.3.3 一级指标产业发展能力下属三级指标

二级指标“企业创新能力”包含以下三级指标：科技创新能力、文化创新能力。综述已有研究对于创新的衡量和评价，将划分为两个维度。第一，按照创新流程，分为投入、绩效等；第二，按照创新涉及载体，分为资本、产品等。本书中，科技创新能力通过新闻出版业研发投入费用进行测评，是从资本投入角度的衡量。文化创新能力通过新版图书比例进行测量，是从产品绩效角度进行的衡量。本书对于创新能力体系的设置所依据的分类如下表 5-1 所示。

表 5-1　创新能力指标

创新维度	投入	绩效
技术	科技创新能力	—
产品	—	文化创新能力

二级指标“企业竞争能力”包含以下三级指标：版权贸易影响力、市场占有率、市场竞争能力。我们采用“版权贸易影响力”衡量我国新闻出版业在国际市场上的竞争能力，采用“市场占有率”“市场竞争能力”衡量我国新闻出版企业的市场竞争能力。

二级指标“企业成长能力”下属三级指标。本书从企业内部视角进行分析，构建了企业成长能力的三级指标：融合发展能力、产品质量水平、渠道管理能力。融合发展成为影响新闻出版业未来发展的决定性因素。信息技术和网络技术的发展，有力地推动了社会的进步和经济的创新发展。它们与出版业不断融合，逐步产生了新的出版形态——数字出版。我国传统新闻出版企业都在逐渐探寻数字化转型之路。产品质量是企业生存之本。新闻出版业企业提供的产品是为了满足人们精神文化需求，产品质量关乎塑造与构建民众的素质与文明，低劣、拙劣的出版物可能会对人的思想产生毒害作用，危害人类与国家安全。因此，新闻出版业企业必须将保证产品质量放在经营之首。渠道是出版企业实现价值、满足人们图书消费需求的通道。渠道是连接企业与市场的桥梁，是沟通产品与消费者的媒介(万君康，2007)。长期以来，我国图书出版机构存在重视选题策划轻视营销战略与渠道管理、重视短期利益获取轻视长期渠道维护与发展、重视计划安排轻视战略管理的问题。在当前文化体制改革、文化事业大发展大繁荣的形势下，以及我国出版业企业面对着越来越激烈的国内外市场竞争，出版企业必须要高度重视对营销渠道的战略制定和实施，重视对营销渠道的管理与维护，提高企业可持续成长能力。

5.3.4 一级指标产业发展绩效下属三级指标

二级指标“产业发展水平”包含以下三级指标：全行业营业收入、全行业利润总额。对于“产业发展水平”指标的构建，我们借鉴了新闻出版业十三五规划中相关指标的设置。全行业营业收入、全行业利润总额反映新闻出版业的总体收益规模。

二级指标“产业经济贡献”包含以下三级指标：产业经济贡献、产业就业贡献。从新闻出版业对经济效益方面的贡献，即对文化产业 GDP 的贡献与对社会就业岗位的提供两个视角进行构建。

二级指标“产业社会文化影响”包含以下三级指标：国民综合阅读率、数字化阅读率、人均年拥有图书、作品自愿登记数量。二级指标“产业社会文化影响”的构建，我们借鉴了新闻出版业十三五规划中“公共服务”相关指标的设置。

5.4 新闻出版业发展评价指标体系

根据以上的分析，我们构建了新闻出版业发展评价指标体系。评价指标体系分为三级指标，一级指标 4 个，二级指标共 12 个，三级指标 35 个（见表 5-2）。

表 5-2　新闻出版业发展评价指标体系

一级指标	二级指标	三级指标	属性	指标说明
1 产业发展环境	1.1 社会经济基础	1-1-1 收入水平（人均可支配收入）	正向	城镇居民可支配收入和农民可支配收入按城乡人口比例加权统计
		1-1-2 人口规模（总人口）	正向	—
		1-1-3 受教育程度（大专及以上文化程度人口所占比重）	正向	—
		1-1-4 人均文化消费（人均文化娱乐消费支出）	正向	城镇居民文化娱乐消费支出和文化娱乐消费支出按城乡人口比例加权统计
	1.2 产业政策与法规	1-2-1 产业法制状况（版权执法行政处罚数量）	负向	—
		1-2-2 版权保护情况（版权合同登记情况）	正向	—
		1-2-3 产业资助状况（国家对新闻出版业的财政补贴项目数量）	正向	—
		1-2-4 政府投入（公共财政、地方财政文化体育与传媒支出）	正向	—

续表

一级指标	二级指标	三级指标	属性	指标说明
	1.3相关与支持性产业	1-3-1 通信运营业情况（互联网用户数）	正向	互联网拨号用户数加互联网宽带接入用户数
		1-3-2 教育业（在校学生数量）	正向	包括在校小学、中学、中职、高中及本专科学生数量
		1-3-3 文化产业情况（文化产业营业收入）	正向	文化制造业营业收入、文化批发和零售业营业收入、文化服务业营业收入三项之和
2产业发展条件	2.1产业资源	2-1-1 人力资源（新闻出版业从业人员百分比）	正向	新闻出版业从业人员/总就业人数
		2-1-2 资本资源（新闻出版业总资产）	正向	—
		2-1-3 文化资源（图书馆藏书　万册/件）	正向	各地区公共图书馆情况
	2.2产业布局和结构	2-2-1 市场集中度（出版集团营收占总营收的比例）	正向	—
		2-2-2 产业基地与园区（产业基地、园区营业收入）	正向	—
	2.3产业增长方式	2-3-1 企业总量（新闻出版企业数量）	正向	—
		2-3-2 国有控股企业状况（国有控股新闻出版企业营业收入）	正向	国有出版发行企业数量减网上书店和新华书店系统外批发网点
		2-3-3 上市企业情况（新闻出版上市企业营业收入）	正向	—

续表

一级指标	二级指标	三级指标	属性	指标说明
3 产业发展能力	3.1 企业创新能力	3-1-1 科技创新能力（新闻出版业研发经费）	正向	参考文化制造业 R&D 经费内部支出
		3-1-2 文化创新能力（新版图书种数）	正向	—
	3.2 企业竞争能力	3-2-1 版权贸易影响力（版权输入输出比例）	正向	—
		3-2-2 市场占有率（国内市场份额）	正向	—
		3-2-3 市场竞争能力（非课本类图书总印张数/图书总印张数）	正向	—
	3.3 企业成长能力	3-3-1 融合发展能力（数字出版营业收入）	正向	—
		3-3-2 产品质量水平（再版重印图书比例）	正向	—
		3-3-3 渠道管理能力（出版物发行网点数量）	正向	—
4 产业发展绩效	4.1 产业发展水平	4-1-1 全行业收入情况（新闻出版业总营业收入）	正向	—
		4-1-2 全行业效益利润情况（新闻出版业利润总额）	正向	—
	4.2 产业经济贡献	4-2-1 产业经济贡献（新闻出版产业增加值占第三产业增加值比例）	正向	—
		4-2-2 产业就业贡献（新闻出版业直接就业人数）	正向	—
	4.3 产业社会文化影响	4-3-1 国民综合阅读率（%）	正向	—
		4-3-2 数字化阅读率（%）	正向	—
		4-3-3 人均年拥有图书（册）	正向	各省市自治区年出版图书册数/各省市自治区人口数
		4-3-4 作品自愿登记数量（万册）	正向	—

6. 数据处理与综合评价

6.1 权重确定

新闻出版发展指数的测评是通过多个指标进行的，不同指标对目标层的重要性不同，因此要科学地衡量新闻出版业发展实际情况，就必须准确合理地确定各指标的权重。目前国内外对指标体系权重确定的方法主要有因子分析法、专家咨询法和层次分析法等。根据本书研究对象和研究目的的需要，我们在进行专家咨询确定重要性程度的基础上，采用层次分析法确定各项指标的具体权重。其基本步骤如下：

（1）设定判断矩阵

2015 年 6 月，课题组发放新闻出版业发展指标体系的调研问卷给冶金工业出版社和中国宇航出版社的高层领导，收回问卷 12 份。8 月，课题组发放调研问卷给参加中国编辑学会组织的编辑素质培训班的学员，收集问卷 45 份。课题组发放调研问卷（初稿）给参加产业司组织的统计培训的学员，收集问卷 245 份。课题组发放调研问卷（初稿）给“阅读与出版”分论坛的参会代表，收集问卷 18 份。11 月，课题组发放调研问卷给参加中国版协组织的第三期职业经理人培训班学员，收集问卷 72 份。累计收集问卷 392 份。在收回问卷的基础上，课题组综合考虑受调查群体的层次（是一般人员还是中高层领导），以及问卷回答的质量（如剔除空缺数据较多的样本)，选取了 267 份样本作为数据分析的对象。

根据 267 位业内专家有关一级指标和各一级指标下二级指标重要性程度的排序建议（调查问卷见附件 1），分别将重要性程度中的顺序 1 赋值 4 分，顺序 2 赋值 3 分，顺序 3 赋值 2 分，顺序 4 赋值 1 分，计算各一级指标的平均分值衡量它们对新闻出版业发展的影响程度，计算二级指标的平均分值衡量它们对相应一级指标的影响程度，并将计算所得的一级指标影响程度分值两两比较得到新闻出版业总发展判断矩阵 A，将各一级指标下的二级指标影响程度分值两两比较分别得到产业发展环境判断矩阵 B_1、产业发展条件判断矩阵 B_2、产业发展能力判断矩阵 B_3、产业发展绩效判断矩阵 B_4如下：

$$A=\begin{pmatrix}1.00 & 1.13 & 1.28 & 1.45\\ 0.88 & 1.00 & 1.13 & 1.27\\ 0.78 & 0.89 & 1.00 & 1.13\\ 0.69 & 0.78 & 0.88 & 1.00\end{pmatrix}$$

$$B_1=\begin{pmatrix}1.00 & 1.02 & 1.75\\ 0.98 & 1.00 & 1.72\\ 0.57 & 0.58 & 1.00\end{pmatrix}$$

$$B_2=\begin{pmatrix}1.00 & 1.11 & 1.31\\ 0.90 & 1.00 & 1.18\\ 0.76 & 0.85 & 1.00\end{pmatrix}$$

$$B_3=\begin{pmatrix}1.00 & 1.20 & 1.19\\ 0.83 & 1.00 & 0.99\\ 0.84 & 1.01 & 1.00\end{pmatrix}$$

$$B_4=\begin{pmatrix}1.00 & 1.14 & 1.32\\ 0.88 & 1.00 & 1.16\\ 0.76 & 0.86 & 1.00\end{pmatrix}$$

（2）权重计算

根据上述判断矩阵，分别利用规范列平均法求得相应最大特征值及其对应的特征向量，对这些向量作归一化处理后得到一级指标和各一级指标下二级指标的权重分配如下：

一级指标权重：（0.2985，0.2627，0.2334，0.2054）

产业发展环境指标权重：（0.3921，0.3846，0.2233）

产业发展条件指标权重：（0.3902，0.3240，0.2858）

产业发展能力指标权重：（0.3745，0.3111，0.3144）

产业发展绩效指标权重：（0.3788，0.3338，0.2875）

（3）一致性检验

计算各判断矩阵的一致性指标如下：

$CI_A = (\lambda_{max} - n)/(n - 1) = 0.0000$

$CI_{B_1} = (\lambda_{max} - n)/(n - 1) = 0.0000$

$CI_{B_2} = (\lambda_{max} - n)/(n - 1) = 0.0007$

$CI_{B_3} = (\lambda_{max} - n)/(n - 1) = 0.0000$

$CI_{B_4} = (\lambda_{max} - n)/(n - 1) = 0.0000$

平均随机一致性指标 *RI* 见表 6-1：

表 6-1　平均随机一致性指标 *RI* 取值

n	1	2	3	4	5	6	7	8	9
RI	0.00	0.00	0.58	0.90	1.12	1.24	1.32	1.41	1.45

各判断矩阵的一致性比率如下：

$CR_A = CI_A/RI = 0.0000$

$CR_{B_1} = CI_{B_1}/RI = 0.0000$

$CR_{B_2} = CI_{B_2}/RI = 0.0012$

$CR_{B_3} = CI_{B_3}/RI = 0.0000$

$CR_{B_4} = CI_{B_4}/RI = 0.0000$

五个一致性比率指标都小于 0.1，可以认为五个判断矩阵都满足一致性要求，相应的特征向量都有效。

（4）指标权重分配

新闻出版业发展指标体系中各个三级指标按等权重进行分配，由此得到新闻出版业发展指标体系权重配置如表 6-2 所示：

表 6-2　新闻出版业发展指标体系各项指标权重

一级指标	权重	二级指标	权重	三级指标	最终权重
1 产业发展环境	0.2985	1.1 社会经济基础	0.3921	1-1-1 收入水平（人均可支配收入）	0.0293
				1-1-2 人口规模（总人口）	0.0293
				1-1-3 受教育程度（大专及以上文化程度人口所占比重）	0.0293
				1-1-4 人均文化消费（人均文化娱乐消费支出）	0.0293
		1.2 产业政策与法规	0.3846	1-2-1 产业法制状况（版权执法行政处罚数量）	0.0287
				1-2-2 版权保护情况（版权合同登记情况）	0.0287
				1-2-3 产业资助状况（国家对新闻出版业的财政补贴项目数量）	0.0287
				1-2-4 政府投入（公共财政、地方财政文化体育与传媒支出）	0.0287
		1.3 相关与支持性产业	0.2233	1-3-1 通信运营业情况（互联网用户数）	0.0222
				1-3-2 教育业（在校学生数量）	0.0222
				1-3-3 文化产业情况（文化产业营业收入）	0.0222

续表

一级指标	权重	二级指标	权重	三级指标	最终权重
2 产业发展条件	0. 2627	2. 1 产业资源	0. 3902	2-1-1 人力资源（新闻出版业从业人员百分比）	0. 0342
				2-1-2 资本资源（新闻出版业总资产）	0. 0342
				2-1-3 文化资源（图书馆藏书册/件数）	0. 0342
		2. 2 产业布局和结构	0. 3240	2-2-1 市场集中度（出版集团营收占总营收的比例）	0. 0426
				2-2-2 产业基地与园区（产业基地、园区营业收入）	0. 0426
		2. 3 产业增长方式	0. 2858	2-3-1 企业总量（新闻出版企业数量）	0. 0250
				2-3-2 国有控股企业状况（国有控股新闻出版企业营业收入）	0. 0250
				2-3-3 上市企业情况（新闻出版上市企业营业收入）	0. 0250
3 产业发展能力	0. 2334	3. 1 企业创新能力	0. 3745	3-1-1 科技创新能力（新闻出版业研发经费）	0. 0437
				3-1-2 文化创新能力（新版图书种数）	0. 0437
		3. 2 企业竞争能力	0. 3111	3-2-1 版权贸易影响力（版权输入输出比例）	0. 0242
				3-2-2 市场占有率（国内市场份额）	0. 0242
				3-2-3 市场竞争能力（非课本类图书总印张数/图书总印张数）	0. 0242
		3. 3 企业成长能力	0. 3144	3-3-1 融合发展能力（数字出版营业收入）	0. 0245
				3-3-2 产品质量水平（再版重印图书比例）	0. 0245
				3-3-3 渠道管理能力（出版物发行网点数量）	0. 0245

续表

一级指标	权重	二级指标	权重	三级指标	最终权重
4 产业发展绩效	0.2054	4.1 产业发展水平	0.3788	4-1-1 全行业收入情况（新闻出版业总营业收入）	0.0389
				4-1-2 全行业效益利润情况（新闻出版业利润总额）	0.0389
		4.2 产业经济贡献	0.3338	4-2-1 产业经济贡献（新闻出版产业增加值占第三产业增加值比例）	0.0343
				4-2-2 产业就业贡献（新闻出版业直接就业人数）	0.0343
		4.3 产业社会文化影响	0.2875	4-3-1 国民综合阅读率（%）	0.0148
				4-3-2 数字化阅读率（%）	0.0148
				4-3-3 人均年拥有图书（册）	0.0148
				4-3-4 作品自愿登记数量（万册）	0.0148

以上一级指标和二级指标的权重系数，均是根据收回的调查问卷，在对专家回答问卷的各指标重要性赋值的基础上，严格采用层次分析法确定的。从一级指标的权重系数的最终值来看，新闻出版产业的发展环境和发展条件均高于发展能力和发展绩效。这似乎不太符合一般产业发展的逻辑，即内因（产业主体的发展能力）应该比外因（产业的发展环境和条件）更重要，结果（发展绩效）应该比过程（环境、条件和能力）更重要。但仔细分析，由于长期以来，我国新闻出版业更加强调其政治属性和意识导向功能，且新闻出版产业从整体上还处于产业的成长阶段，产业的发展水平和发展实绩与国家政策导向和整体环境的支持密不可分，因此，根据问卷调查收集数据最终计算出来的权重系数，也在一定程度上客观反映了新闻出版业界人士对有关产业发展的基本认识和理解。从二级指标的权重系数来看，社会经济基础、产业政策与法规、产业资源、企业创新能力和产业发展水平等指标的权重系数均较高，取值均在 0.37 以上，说明了受访群体认为在影响新闻出版产业发展的因素中，以上几个因素是更为重要的影响或驱动因素。而相关与支持性产业、产业增长方式、企业竞争能

力、企业成长能力以及产业社会文化影响等二级指标的权重系数较低，取值均在0.3左右。这既可能是受访群体对相关二级指标本身的重要度认识偏低的一种直接反映，也可能是对相关二级指标所反映的内涵不够准确。

6.2 数据来源

本书的数据主要来源于以下三种渠道：

第一个渠道是国家统计局的统计年鉴及相关产业统计年鉴。如《中国统计年鉴2011》《中国统计年鉴2012》《中国统计年鉴2013》《中国统计年鉴2014》《中国统计年鉴2015》及《中国文化及相关产业统计年鉴2012》《中国文化及相关产业统计年鉴2013》《中国文化及相关产业统计年鉴2014》《中国文化及相关产业统计年鉴2015》以及部分地方统计年鉴，共10余种。

第二个渠道是新闻出版产业主管部门的年度统计数据。包括国家新闻出版总署出版产业发展司编制的《中国新闻出版统计资料汇编2011》《中国新闻出版统计资料汇编2012》，国家新闻出版广电总局规划发展司编制的《中国新闻出版统计资料汇编2013》《中国新闻出版统计资料汇编2014》《中国新闻出版统计资料汇编2015》等。

第三个渠道是源于相关研究机构发布或由政府部门发布的较权威的研究数据。有关新闻出版产业方面的数据多数来源于中国新闻出版研究院发布的并经由国家新闻出版主管部门认可的《2011年新闻出版产业分析报告》《2012年新闻出版产业分析报告》《2013年新闻出版产业分析报告》《2014年新闻出版产业分析报告》《2015年新闻出版产业分析报告》。如财政部文资办发布的中央文化产业发展专项资金拟支持项目（2015、2014），国民综合阅读率和数字化阅读率采用新闻出版研究院向社会发布的数据。各上市公司的营业收入等数据来源于上市公司的年度报告。

新闻出版业发展评价指标体系中各项指标数据的具体来源情况如表6-3所示。

表 6-3 各项指标数据的来源

一级指标	二级指标	三级指标	数据来源
1 产业发展环境	1.1 社会经济基础	1-1-1 收入水平（人均可支配收入）	中国统计年鉴
		1-1-2 人口规模（总人口）	中国统计年鉴
		1-1-3 受教育程度（大专及以上文化程度人口所占比重）	中国统计年鉴
		1-1-4 人均文化消费（人均文化娱乐消费支出）	中国统计年鉴
	1.2 产业政策与法规	1-2-1 产业法制状况（版权执法行政处罚数量）	中国新闻出版统计资料汇编
		1-2-2 版权保护情况（版权合同登记情况）	中国新闻出版统计资料汇编
		1-2-3 产业资助状况（国家对新闻出版业的财政补贴项目数量）	国家文资办
		1-2-4 政府投入（公共财政、地方财政文化体育与传媒支出）	中国文化及相关产业统计年鉴
	1.3 相关与支持性产业	1-3-1 通信运营业情况（互联网用户数）	中国统计年鉴
		1-3-2 教育业（在校学生数量）	中国统计年鉴
		1-3-3 文化产业情况（文化产业营业收入）	中国文化及相关产业统计年鉴
2 产业发展条件	2.1 产业资源	2-1-1 人力资源（新闻出版业从业人员百分比）	中国新闻出版统计资料汇编
		2-1-2 资本资源（新闻出版业总资产）	新闻出版产业分析报告
		2-1-3 文化资源（图书馆藏书册/件数）	中国统计年鉴
	2.2 产业布局和结构	2-2-1 市场集中度（出版集团营收占总营收的比例）	新闻出版产业分析报告
		2-2-2 产业基地与园区（产业基地、园区营业收入）	新闻出版产业分析报告
	2.3 产业增长方式	2-3-1 企业总量（新闻出版企业数量）	中国新闻出版统计资料汇编
		2-3-2 国有控股企业状况（国有控股新闻出版企业营业收入）	新闻出版产业分析报告

续表

一级指标	二级指标	三级指标	数据来源
		2-3-3 上市企业情况（新闻出版上市企业营业收入）	内地上市的出版企业年度经营情况分析报告
3 产业发展能力	3.1 企业创新能力	3-1-1 科技创新能力（新闻出版业研发经费）	中国文化及相关产业统计年鉴
		3-1-2 文化创新能力（新版图书种数）	中国新闻出版统计资料汇编
	3.2 企业竞争能力	3-2-1 版权贸易影响力（版权输入输出比例）	中国新闻出版统计资料
		3-2-2 市场占有率（国内市场份额）	中国新闻出版产业统计资料
		3-2-3 市场竞争能力（非课本类图书总印张数/图书总印张数）	中国新闻出版产业统计资料
	3.3 企业成长能力	3-3-1 融合发展能力（数字出版营业收入）	中国新闻出版统计资料汇编
		3-3-2 产品质量水平（再版重印图书比例）	新闻出版产业分析报告
		3-3-3 渠道管理能力（出版物发行网点数量）	中国新闻出版统计资料汇编
4 产业发展绩效	4.1 产业发展水平	4-1-1 全行业收入情况（新闻出版业总营业收入）	新闻出版产业分析报告
		4-1-2 全行业效益利润情况（新闻出版业利润总额）	新闻出版产业分析报告
	4.2 产业经济贡献	4-2-1 产业经济贡献（新闻出版产业增加值占第三产业增加值比例）	新闻出版产业分析报告/中国统计年鉴
		4-2-2 产业就业贡献（新闻出版业直接就业人数）	新闻出版产业分析报告
	4.3 产业社会文化影响	4-3-1 国民综合阅读率（%）	全国国民阅读调查
		4-3-2 数字化阅读率（%）	全国国民阅读调查
		4-3-3 人均年拥有图书（册）	中国新闻出版统计资料汇编/中国统计年鉴
		4-3-4 作品自愿登记数量（万册）	中国新闻出版统计资料汇编

6.3 数据处理

由于新闻出版业发展指标体系中各项指标的计量单位、意义各不相同，分别有绝对数指标、相对数指标和平均数指标等，使得各层指标数据之间没有一个统一的量纲，无法直接进行比较与指标的加权综合。为此，本书首先对各指标的数据进行同趋势化和无量纲化。所谓同趋势化，是将逆向指标转化为正向指标，即指标的正向化，本书采用倒数法实现指标的同趋势化。无量纲化则是消除量纲和数量级的影响，将指标的实际值转化为可以综合的指标评价值，从而解决评价指标的可综合性问题，本书分区域数据采用的无量纲化处理的数学模型为：

$$I_{ij} = \frac{X_{ij} - \min(X_j)}{\max(X_j) - \min(X_j)}$$

式中，I_{ij}为第 i 个地区第 j 个指标标准化后的结果，X_{ij}为第 i 个地区第 j 个指标数据。对于第 j 个指标来说（纵向），所有省市中的这方面最小的数值用 min（X_j）来表示。同样对于第 j 个指标来说（纵向），所有省市中这方面的最大的数值用 max（X_j）来表示。无量纲化的数据经过变换后拥有统一的量纲，在整个标准化结果中，实际数据中最小的数值经过量纲化处理后的数据变为 0，实际数据中最大的数值经过量纲化处理后的数据变为 1，其他原始数据处理后的结果都在 0~1 之间变动。

全国 2010~2014 年数据的无量纲化方法为以 2010 年为基期，各年各指标值分别与 2010 年相应指标值作比的相对数作为指数反映指标变动情况，其中价值指标做了以 2010 年为基期的价格平减。

在本书的原始数据采集中，由于涉及的三级指标较多，需要数据支撑量很大，再加上各地区的技术、经济和政府管理等方面存在差异，使得部分地区尤其西部地区的多项指标数据缺失。还有一些指标，如版权执法行政处罚数量、国民综合阅读率、国民数字化阅读率、数字出版营业收入等，只有全国的数据，没有分省数据，如果去掉这个指标，可能会导致整个指标体系的科学性出现较大问题。因此，本书对这些指标项的数据采取各省与全国同等赋值的处理办法，这有待课题组在以后的工作中想办法补充分省的数据。本书对于缺失数据的处理方式如下：将指标值完成测算和标准化后，赋予缺失数据为 0，即缺失数据的地区在该项指标上被赋予最低指数值，依此提示各地应重视新闻出版产业数据及时的统计与公开。

6.4 测评结果分析

6.4.1　2013 年分区域分析

（1）各省市自治区 2013 年新闻出版业发展总指数及排名情况

通过对全国 31 个省、自治区、直辖市 2013 年新闻出版业发展情况进行测评分析，得出各省、自治区、直辖市新闻出版产业发展综合指数及其排名（如表 6-4 和图 6-1 所示）。从 2013 年新闻出版业发展总指数来看，区域发展指数呈阶梯状分布。其中，处在第一阶梯的区域包括：广东、北京、江苏、浙江、上海、山东，综合发展指数在 0.39 以上。处在第二阶梯的区域包括：四川、安徽、湖南、河北、河南、湖北、江西、福建，这些区域的产业发展总指数在 0.21~0.27 之间，是我国新闻出版产业发展次发达区域。处在第三阶梯的区域包括：云南、辽宁、陕西、重庆、吉林、广西、天津、山西、黑龙江，这些区域的产业发展总指数在 0.1~0.18 之间，是我国新闻出版产业发展欠发达区域。处在第四阶梯的区域包括：甘肃、新疆、海南、贵州、内蒙古、宁夏、青海、西藏，这些区域的产业发展总指数在 0.1 以下，是我国新闻出版产业发展落后区域。

表 6-4　各省市自治区 2013 年新闻出版产业发展指数及排名

区域	产业发展情况				产业发展总指数	总指数排名
	产业发展环境指数	产业发展条件指数	产业发展能力指数	产业发展绩效指数		
广　东	0.54	0.57	0.45	0.56	0.53	1
北　京	0.52	0.40	0.43	0.58	0.48	2
江　苏	0.48	0.51	0.43	0.45	0.47	3
浙　江	0.39	0.46	0.35	0.46	0.41	4
上　海	0.37	0.52	0.28	0.36	0.39	5
山　东	0.41	0.30	0.41	0.43	0.39 *	6
四　川	0.30	0.27	0.26	0.23	0.27	7
安　徽	0.22	0.28	0.21	0.33	0.26	8
湖　南	0.25	0.24	0.25	0.22	0.24	9
河　北	0.25	0.24	0.19	0.28	0.24	10
河　南	0.33	0.22	0.17	0.14	0.23	11
湖　北	0.23	0.20	0.19	0.20	0.21	12
江　西	0.17	0.23	0.14	0.29	0.21	13
福　建	0.22	0.20	0.18	0.23	0.21	14
云　南	0.16	0.18	0.20	0.16	0.18	15
辽　宁	0.25	0.16	0.19	0.06	0.18	16
陕　西	0.18	0.13	0.18	0.17	0.17	17
重　庆	0.14	0.13	0.18	0.16	0.15	18
吉　林	0.13	0.11	0.20	0.16	0.15	19
广　西	0.18	0.12	0.18	0.06	0.14	20
天　津	0.17	0.14	0.15	0.07	0.14	21
山　西	0.16	0.09	0.14	0.06	0.11	22
黑龙江	0.14	0.08	0.11	0.04	0.10	23
甘　肃	0.09	0.07	0.12	0.07	0.09 *	24

续表

区域	产业发展情况				产业发展总指数	总指数排名
	产业发展环境指数	产业发展条件指数	产业发展能力指数	产业发展绩效指数		
新　疆	0.10	0.06	0.15	0.02	0.08	25
海　南	0.06	0.05	0.21	0.01	0.08	26
贵　州	0.13	0.08	0.03	0.04	0.07	27
内蒙古	0.14	0.05	0.05	0.02	0.07	28
宁　夏	0.05	0.04	0.14	0.03	0.06	29
青　海	0.03	0.03	0.08	0.02	0.04	30
西　藏	0.01	0.01	0.10	0.02	0.03	31

*说明：上海与山东的总指数均为0.39，但比较小数点后第3位的数值，上海较大，因此排名比山东靠前。本书以下出现的类似情况均属同样原因，将不再解释。

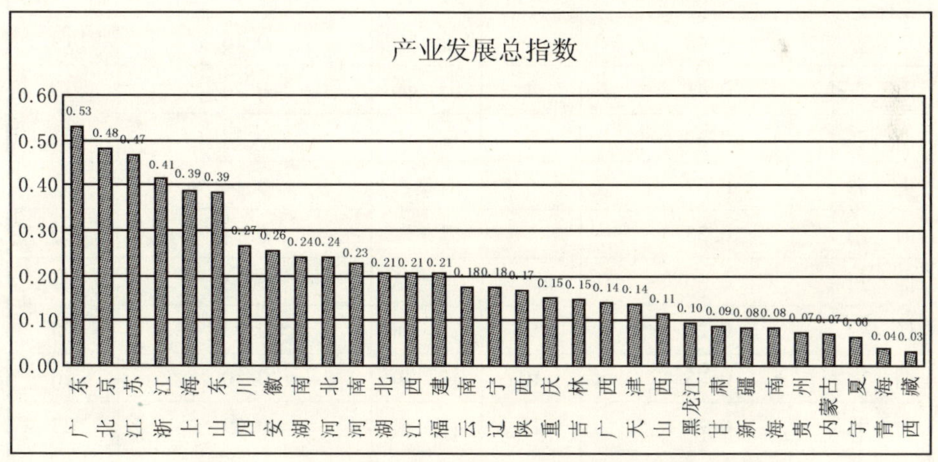

图 6-1　各省市自治区 2013 年新闻出版产业发展总指数

（2）各省市自治区新闻出版产业发展环境指数及排名情况

产业发展环境指数主要衡量新闻出版产业发展所处环境情况。我们通过对全国31个省、自治区、直辖市2013年新闻出版业发展环境情况进行测评分析，得出各省、自治区、直辖市新闻出版产业发展环境指数及其排名（如表6-5和图6-2所示）。其中，处于第一阶梯的区域包括：广东、北京、江苏、山东、浙江、上海、河南、四川，产业发展环境指数在0.30以上，是我国新闻出版产业发展环境比较发达的区域。处于第二阶梯的地区包括：辽宁、湖南、河北、湖北、福建、安徽，产业发展环境指数在0.22~0.25之间，属于新闻出版产业发展环境次发达区域；第三阶梯的区域包括：陕西、广西、江西、天津、云南、山西、重庆、内蒙古、黑龙江、吉林、贵州、新疆，产业发展环境指数在0.10~0.18之间，属于新闻出版产业发展环境欠发达区域。第四阶梯的区域包括：甘肃、海南、宁夏、青海、西藏，产业发展环境指数在0.10以下，是新闻出版产业发展环境比较落后的区域。

表6-5　各省市自治区2013年新闻出版产业发展环境指数及排名

区域	产业发展环境指数	排名	区域	产业发展环境指数	排名
广　东	0.54	1	江　西	0.17	17
北　京	0.52	2	天　津	0.17	18
江　苏	0.48	3	云　南	0.16	19
山　东	0.41	4	山　西	0.16	20
浙　江	0.39	5	重　庆	0.14	21
上　海	0.37	6	内蒙古	0.14	22
河　南	0.33	7	黑龙江	0.14	23
四　川	0.30	8	吉　林	0.13	24
辽　宁	0.25	9	贵　州	0.13	25
湖　南	0.25	10	新　疆	0.10	26
河　北	0.25	11	甘　肃	0.09	27
湖　北	0.23	12	海　南	0.06	28
福　建	0.22	13	宁　夏	0.05	29
安　徽	0.22	14	青　海	0.03	30
陕　西	0.18	15	西　藏	0.01	31
广　西	0.18	16	—	—	—

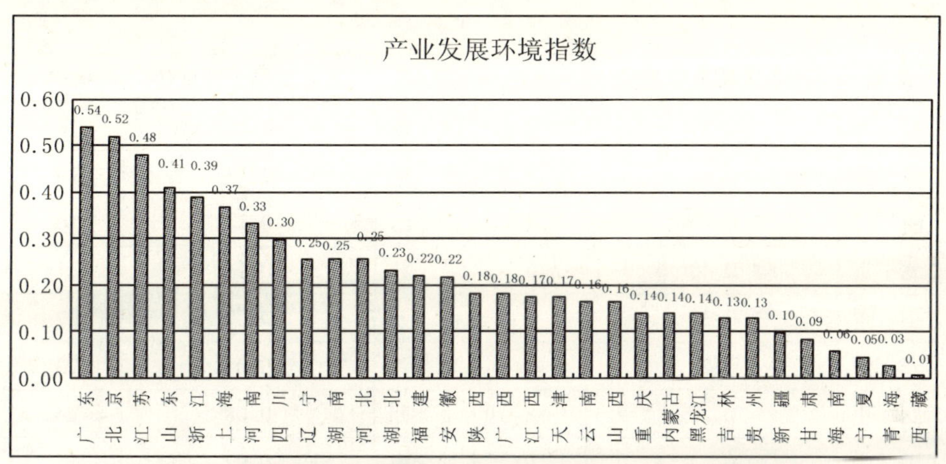

图 6-2　各省市自治区 2013 年新闻出版产业发展环境指数

(3) 各省市自治区新闻出版产业发展条件指数及排名情况

产业发展条件指数主要衡量新闻出版产业发展所具有条件，包括产业资源、产业布局和结构、产业增长方式的情况。我们通过对全国 31 个省、自治区、直辖市 2013 年新闻出版业发展条件情况进行测评分析，得出各省、自治区、直辖市新闻出版产业发展条件指数及其排名（如表 6-5 和图 6-3 所示）。其中，广东、上海、江苏、浙江、北京、山东的产业发展条件指数在 0.30 以上，这些区域的产业发展条件比较有优势。安徽、四川、湖南、河北、江西、河南、福建、湖北的产业发展条件指数在 0.20~0.28 之间，属于新闻出版产业发展的条件次发达区域。云南、辽宁、天津、陕西、重庆、广西、吉林的产业发展条件指数在 0.11~0.18 之间，属于新闻出版产业发展条件欠发达地区。山西、黑龙江、贵州、甘肃、新疆、海南、内蒙古、宁夏、青海、西藏的产业发展条件指数均在 0.1 以下，产业发展条件比较落后。

表 6-5　各省市自治区 2013 年新闻出版产业发展条件指数及排名

区域	产业发展条件指数	排名	区域	产业发展条件指数	排名
广　东	0.57	1	天　津	0.14	17

续表

区域	产业发展条件指数	排名	区域	产业发展条件指数	排名
上　海	0.52	2	陕　西	0.13	18
江　苏	0.51	3	重　庆	0.13	19
浙　江	0.46	4	广　西	0.12	20
北　京	0.40	5	吉　林	0.11	21
山　东	0.30	6	山　西	0.09	22
安　徽	0.28	7	黑龙江	0.08	23
四　川	0.27	8	贵　州	0.08	24
湖　南	0.24	9	甘　肃	0.07	25
河　北	0.24	10	新　疆	0.06	26
江　西	0.23	11	海　南	0.05	27
河　南	0.22	12	内蒙古	0.05	28
福　建	0.20	13	宁　夏	0.04	29
湖　北	0.20	14	青　海	0.03	30
云　南	0.18	15	西　藏	0.01	31
辽　宁	0.16	16	—	—	—

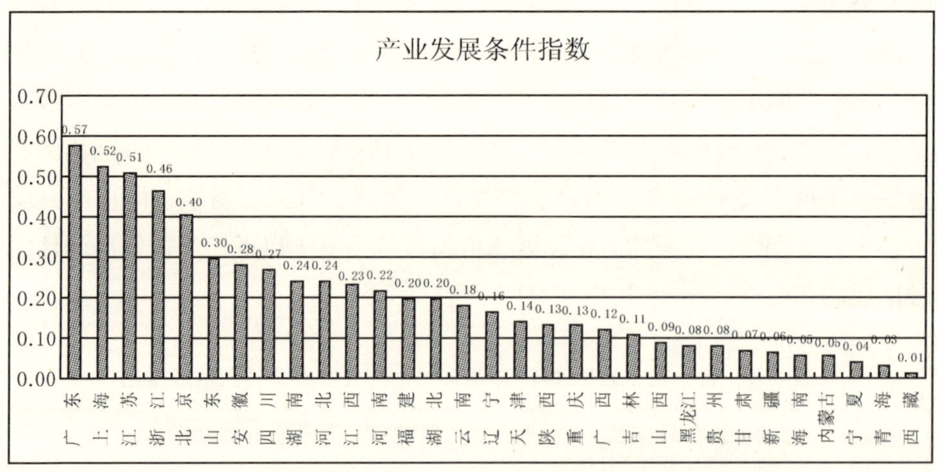

图 6-3　各省市自治区 2013 年新闻出版产业发展条件指数

（4）各省市自治区 2013 年新闻出版产业发展能力指数及排名情况

产业发展能力指数主要衡量新闻出版产业主体的发展能力，包括：企业创新能力、竞争能力、成长能力情况。我们对全国 31 个省、自治区、直辖市 2013 年新闻出版业发展能力情况进行测评分析，得出各省、自治区、直辖市新闻出版产业发展条件指数及其排名（如表 6-7 和图 6-4 所示）。其中，广东、江苏、北京、山东、浙江的产业发展能力指数在 0.35 以上，属于产业发展能力情况较发达区域。上海、四川、湖南、海南、安徽、吉林、云南的产业发展能力指数在 0.2~0.28 之间，属于产业发展能力情况次发达地区；河北、湖北、辽宁、广西、重庆、福建、陕西、河南、天津、新疆、宁夏、江西、山西、甘肃、黑龙江、西藏的产业发展能力指数在 0.10~0.19 之间，属于产业发展能力情况次发达地区；青海、内蒙古、贵州的产业发展能力指数在 0.1 以下，属于产业发展能力情况落后地区。

表 6-7 各省市自治区 2013 年新闻出版产业发展能力指数及排名

区域	产业发展能力指数	排名	区域	产业发展能力指数	排名
广　东	0.45	1	重　庆	0.18	17
江　苏	0.43	2	福　建	0.18	18
北　京	0.43	3	陕　西	0.18	19
山　东	0.41	4	河　南	0.17	20
浙　江	0.35	5	天　津	0.15	21
上　海	0.28	6	新　疆	0.15	22
四　川	0.26	7	宁　夏	0.14	23
湖　南	0.25	8	江　西	0.14	24
海　南	0.21	9	山　西	0.14	25
安　徽	0.21	10	甘　肃	0.12	26
吉　林	0.20	11	黑龙江	0.11	27
云　南	0.20	12	西　藏	0.10	28
河　北	0.19	13	青　海	0.08	29
湖　北	0.19	14	内蒙古	0.05	30
辽　宁	0.19	15	贵　州	0.03	31
广　西	0.18	16	—	—	—

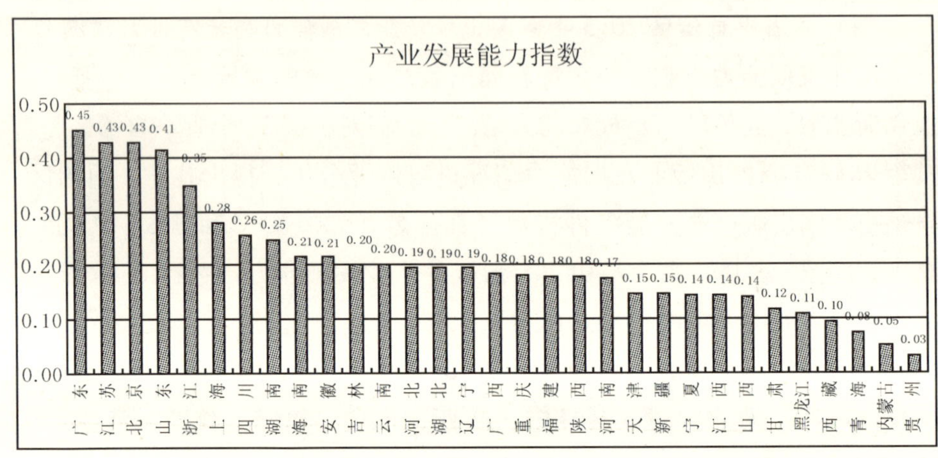

图 6-4　各省市自治区 2013 年新闻出版产业发展能力指数

（5）各省市自治区新闻出版产业发展绩效指数及排名情况

产业发展绩效指数主要衡量新闻出版产业发展的绩效结果，包括：产业发展水平、产业经济贡献、产业社会文化影响。我们对全国 31 个省、自治区、直辖市 2013 年新闻出版业发展绩效情况进行测评分析，得出各省、自治区、直辖市新闻出版产业发展绩效指数及其排名（如表 6-8 和图 6-5 所示）。其中，北京、广东、浙江、江苏、山东的产业发展绩效指数在 0.43 以上，属于产业发展绩效情况较发达区域，说明这些地区的新闻出版产业取得较好的经济绩效与社会效益，与综合发展指数的区域、产业发展环境指数区域、产业发展能力指数区域基本一致，说明这些区域的新闻出版业能够充分利用环境资源，在利用资源提高企业的创新能力、成长能力、竞争能力方面表现较好。上海、安徽、江西、河北、四川、福建、湖南、湖北的产业发展绩效指数在 0.20~0.36 之间，在产业发展的绩效方面取得了比较好的成绩。陕西、重庆、吉林、云南、河南的产业发展绩效指数在 0.14~0.17 之间，属于新闻产业发展绩效欠发达地区。甘肃、天津、广西、山西、辽宁、贵州、黑龙江、宁夏、青海、内蒙古、新疆、西藏、海南的产业发展绩效指数均在 0.10 以下，属于产业发展绩效落后地区。

表 6-8　各省市自治区 2013 年新闻出版产业发展绩效指数及排名

区域	产业发展绩效指数	排名	区域	产业发展绩效指数	排名
北　京	0.58	1	云　南	0.16	17
广　东	0.56	2	河　南	0.14	18
浙　江	0.46	3	甘　肃	0.07	19
江　苏	0.45	4	天　津	0.07	20
山　东	0.43	5	广　西	0.06	21
上　海	0.36	6	山　西	0.06	22
安　徽	0.33	7	辽　宁	0.06	23
江　西	0.29	8	贵　州	0.04	24
河　北	0.28	9	黑龙江	0.04	25
四　川	0.23	10	宁　夏	0.03	26
福　建	0.23	11	青　海	0.02	27
湖　南	0.22	12	内蒙古	0.02	28
湖　北	0.20	13	新　疆	0.02	29
陕　西	0.17	14	西　藏	0.02	30
重　庆	0.16	15	海　南	0.01	31
吉　林	0.16	16	—	—	—

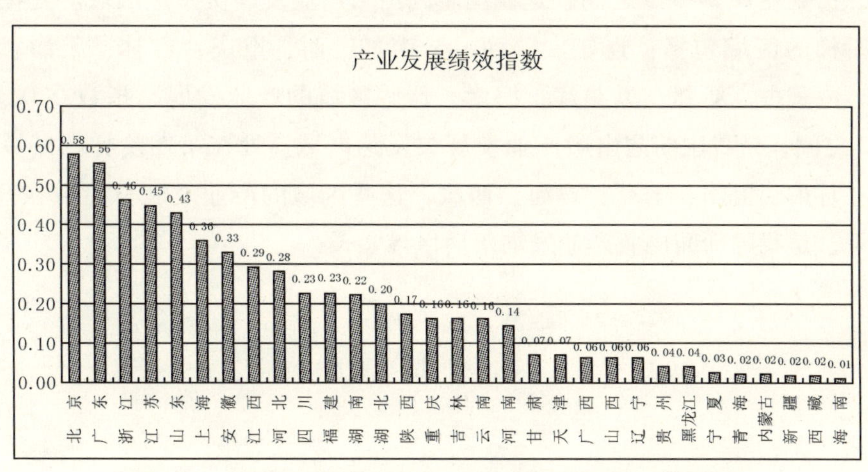

图 6-5　各省市自治区 2013 年新闻出版产业发展绩效指数

（6）各省市自治区新闻出版产业发展聚类分析

综合2013年各地区新闻出版产业环境发展指数、条件发展指数、主体发展指数和绩效发展指数，使用SPSS软件进行聚类分析得出，全国新闻出版产业发展情况可分为四类地区：高度发达地区，包括北京、广东、江苏、浙江、上海、山东；中等发达地区，包括河北、安徽、江西、福建、湖北、湖南、四川、河南；欠发达地区，包括吉林、重庆、陕西、云南、辽宁、黑龙江、山西、广东、天津；落后地区，包括内蒙古、贵州、西藏、青海、宁夏、新疆、甘肃、海南。

6.4.2 2014年分区域分析

（1）各省市自治区2014年新闻出版业发展总指数及排名情况

通过对全国31个省、自治区、直辖市2014年新闻出版业发展情况进行测评分析，得出各省、自治区、直辖市新闻出版产业发展综合指数及其排名（如表6-9所示和图6-6所示）。从2014年新闻出版业发展总指数来看，区域发展指数呈阶梯状分布。其中，处在第一阶梯的区域包括：北京、广东、江苏、浙江、山东、上海，这些区域的产业发展总指数在0.40以上，是我国新闻出版产业比较发达的区域。处在第二阶梯的区域包括：安徽、四川、河北、湖南、河南、湖北、江西、福建，这些区域的产业发展总指数在0.2~0.3之间，是我国新闻出版产业发展次发达区域。处在第三阶梯的区域包括：辽宁、陕西、云南、广西、重庆、吉林、天津、山西、内蒙古、新疆、黑龙江、海南，这些区域的产业发展总指数在0.1~0.2之间，是我国新闻出版产业发展欠发达区域。处在第四阶梯的区域包括：甘肃、贵州、宁夏、青海、西藏，这些区域的产业发展总指数在0.1以下，是我国新闻出版产业发展落后区域。

表 6-9 各省市自治区 2014 年新闻出版产业发展指数及排名

区域	产业发展情况				产业发展总指数	总指数排名	变化
	产业发展环境指数	产业发展条件指数	产业发展能力指数	产业发展绩效指数			
北京	0.63	0.41	0.44	0.60	0.52	1	1
广东	0.54	0.50	0.46	0.55	0.51	2	−1
江苏	0.50	0.53	0.50	0.48	0.50	3	0
浙江	0.38	0.48	0.42	0.48	0.44	4	0
山东	0.42	0.29	0.43	0.51	0.41	5	1
上海	0.37	0.48	0.30	0.44	0.40	6	−1
安徽	0.24	0.29	0.25	0.31	0.27	7	1
四川	0.29	0.27	0.27	0.23	0.27	8	−1
河北	0.27	0.22	0.25	0.32	0.26	9	1
湖南	0.28	0.26	0.28	0.18	0.26	10	−1
河南	0.37	0.24	0.22	0.14	0.25	11	0
湖北	0.26	0.19	0.22	0.22	0.22	12	0
江西	0.19	0.22	0.18	0.33	0.22	13	0
福建	0.23	0.19	0.19	0.23	0.21	14	0
辽宁	0.26	0.17	0.20	0.05	0.18	15	1
陕西	0.19	0.13	0.21	0.19	0.18	16	1
云南	0.16	0.17	0.21	0.13	0.17	17	−2
广西	0.19	0.13	0.21	0.12	0.16	18	2
重庆	0.16	0.13	0.19	0.18	0.16	19	−1
吉林	0.15	0.09	0.21	0.13	0.14	20	−1
天津	0.13	0.13	0.21	0.08	0.14	21	0
山西	0.17	0.09	0.18	0.06	0.13	22	0
内蒙古	0.16	0.04	0.18	0.07	0.11	23	5
新疆	0.12	0.07	0.18	0.03	0.10	24	1

续表

区域	产业发展情况				产业发展总指数	总指数排名	变化
	产业发展环境指数	产业发展条件指数	产业发展能力指数	产业发展绩效指数			
黑龙江	0.17	0.07	0.11	0.03	0.10	25	−2
海　南	0.08	0.06	0.19	0.08	0.10	26	0
甘　肃	0.10	0.07	0.13	0.06	0.09	27	−3
贵　州	0.15	0.08	0.05	0.05	0.09	28	−1
宁　夏	0.07	0.04	0.14	0.04	0.07	29	0
青　海	0.06	0.03	0.11	0.01	0.05	30	0
西　藏	0.00	0.01	0.11	0.03	0.04	31	0

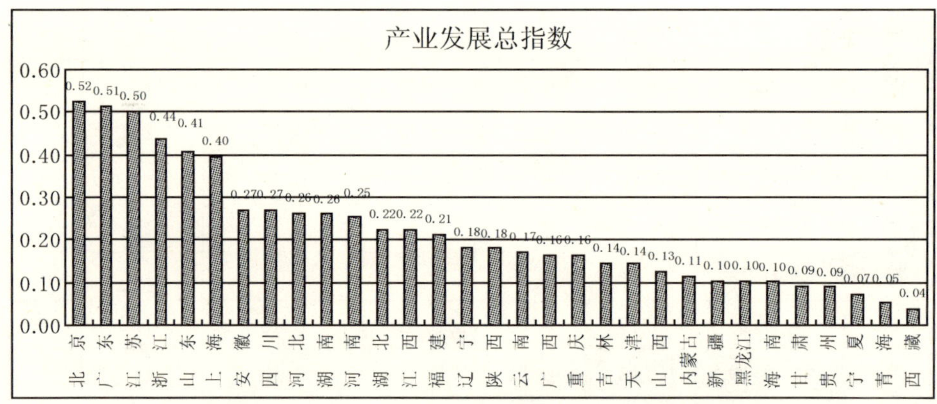

图 6-6　各省市自治区 2014 年新闻出版产业发展指数

通过对 31 个省、自治区、直辖市排名发现，排在前十位分别是：北京、广东、江苏、浙江、山东、上海、安徽、四川、河北、湖南，综合指数在 0.26 以上。通过分析可以发现，第一阶梯的省市均来自经济相对发达的东部地区，第二、三阶梯的省市多数位于中部地区和北部地区，而新闻出版产业发展落后区域多数来自于西部地区。2014 年与 2013 年相比，除内蒙古的排名在 2014 年有较快上升，从第 28 位提升到第 23 位之外，其余各省市自治区的排名变化均较小，超过三成的省份排名没有变化；处于第一阶梯的省份并没有变化，但是排名不同，北京从第二名晋级到第一名；宁夏、青海、西藏连续排在最后三名。

（2）各省市自治区2014年新闻出版业发展环境指数及排名情况

产业发展环境指数主要衡量新闻出版产业发展所处环境的情况。我们对全国31个省、自治区、直辖市2014年新闻出版业发展环境情况进行测评分析，得出各省、自治区、直辖市新闻出版产业发展环境指数及其排名（如表6-10和图6-7所示）。其中，处于第一阶梯的区域包括：北京、广东、江苏、山东、浙江、上海、河南，产业发展环境指数在0.37以上，是我国新闻出版产业发展环境比较发达的区域。处于第二阶梯的地区包括：四川、湖南、河北、辽宁、湖北、安徽、福建，产业发展环境指数在0.23~0.29之间，属于新闻出版产业发展环境次发达区域；第三阶梯的区域包括：江西、广西、陕西、黑龙江、山西、云南、内蒙古、重庆、吉林、贵州、天津、新疆、甘肃，产业发展环境指数在0.10~0.19之间，属于新闻出版产业发展环境欠发达区域。第四阶梯的区域包括：海南、宁夏、青海、西藏，产业发展环境指数在0.10以下，是新闻出版产业发展环境比较落后的区域。

表6-10 各省市自治区2014年新闻出产业发展环境指数及排名

区域	产业发展环境指数	排名	区域	产业发展环境指数	排名
北京	0.63	1	陕西	0.19	17
广东	0.54	2	黑龙江	0.17	18
江苏	0.50	3	山西	0.17	19
山东	0.42	4	云南	0.16	20
浙江	0.38	5	内蒙古	0.16	21
上海	0.37	6	重庆	0.16	22
河南	0.37	7	吉林	0.15	23
四川	0.29	8	贵州	0.15	24
湖南	0.28	9	天津	0.13	25

续表

区域	产业发展环境指数	排名	区域	产业发展环境指数	排名
河　北	0. 27	10	新　疆	0. 12	26
辽　宁	0. 26	11	甘　肃	0. 10	27
湖　北	0. 26	12	海　南	0. 08	28
安　徽	0. 24	13	宁　夏	0. 07	29
福　建	0. 23	14	青　海	0. 06	30
江　西	0. 19	15	西　藏	0. 00	31
广　西	0. 19	16	—	—	—

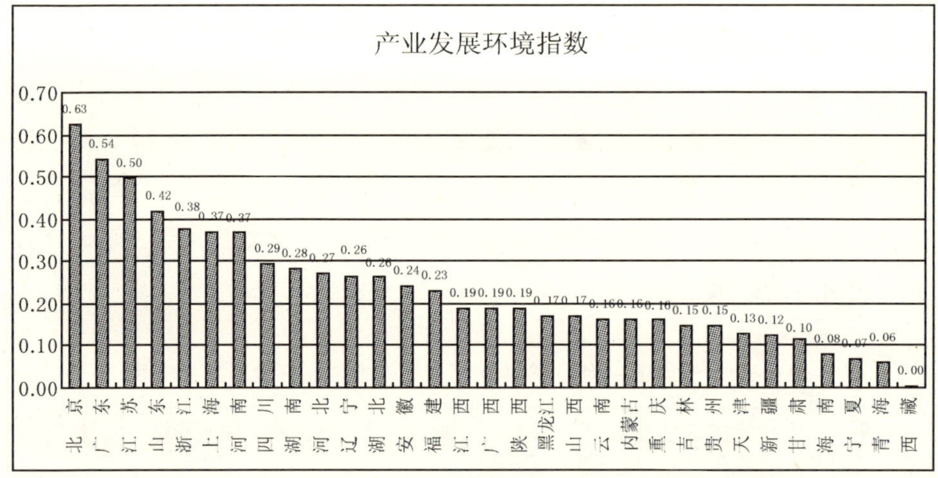

图 6-7　各省市自治区 2014 年新闻出版产业发展环境指数

产业发展环境指数排名总体上和产业发展总指数的排名大体一致。其中，产业发展环境指数的第一阶梯城市都排列在产业发展总指数的第一阶梯之中，除这些城市外，增加了河南；产业发展环境指数的第二、三阶梯城市与综合发展指数包含的城市基本相同。这些结果说明新闻产业发展环境对新闻产业发展的影响作用。值得注意的是，产业发展环境指数与产业综合发展指数在某些省市也存在一些差异，产业发展环境指数与产业综合发展指数相比，甘肃、贵州从发展落后区域进入到欠发展区域中，说明甘肃、贵州虽然在发展环境方面不具有优势，但是在综合发展中却表现的相对较好，可能是因为这两个城市在影响综合指数的其他因素方面较好而产生的。产业发展环境指数与产业综合发展指数相比，海南从欠发展区域进入到发展落后发展区域中，说明海南虽然在发展环境方面具有较好的条件，而排名靠后的可能原因之一是海南没有充分利用好环境方面的优势。

（3）各省市自治区2014年新闻出版业发展条件指数及排名情况

产业发展条件指数主要衡量新闻出版产业发展所具有条件，包括产业资源、产业布局和结构、产业增长方式的情况。我们对全国31个省、自治区、直辖市2014年新闻出版业发展条件情况进行测评分析，得出各省、自治区、直辖市新闻出版产业发展条件指数及其排名（如表6-11和图6-8所示）。其中，江苏、广东、浙江、上海、北京的产业发展条件指数在0.41以上，这些区域的产业发展条件比较具有优势，与产业发展总指数第一阶梯的区域一致，而且排名也相同，说明产业发展资源、产业布局和结构、产业增长方式对于产业发展产生重要作用。山东、安徽、四川、湖南、河南、河北、江西的产业发展条件指数在0.22~0.29之间，属于新闻出版产业发展条件次发达区域。湖北、福建、云南、辽宁、天津、陕西、重庆、广西的产业发展条件指数在0.13~0.19之间，属于新闻出版产业发展条件欠发达地区。吉林、山西、贵州、黑龙江、甘肃、新疆、海南、内蒙古、宁夏、青海、西藏的产业发展条件指数均在0.1以下，产业发展条件比较落后。

表6-11　各省市自治区2014年新闻出版产业发展条件指数及排名

区域	产业发展条件指数	排名	区域	产业发展条件指数	排名
江　苏	0.53	1	天　津	0.13	17
广　东	0.50	2	陕　西	0.13	18
浙　江	0.48	3	重　庆	0.13	19
上　海	0.48	4	广　西	0.13	20
北　京	0.41	5	吉　林	0.09	21

续表

区域	产业发展条件指数	排名	区域	产业发展条件指数	排名
山　东	0.29	6	山　西	0.09	22
安　徽	0.29	7	贵　州	0.08	23
四　川	0.27	8	黑龙江	0.07	24
湖　南	0.26	9	甘　肃	0.07	25
河　南	0.24	10	新　疆	0.07	26
河　北	0.22	11	海　南	0.06	27
江　西	0.22	12	内蒙古	0.04	28
湖　北	0.19	13	宁　夏	0.04	29
福　建	0.19	14	青　海	0.03	30
云　南	0.17	15	西　藏	0.01	31
辽　宁	0.17	16	—	—	—

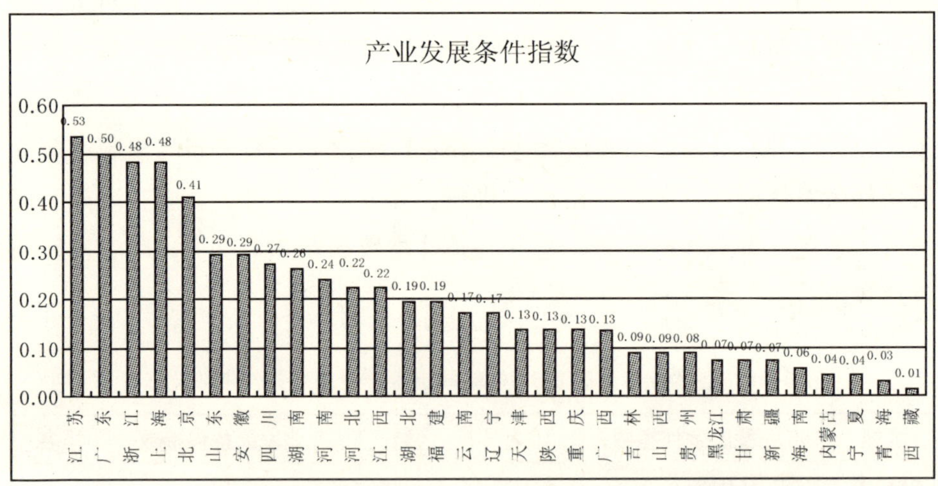

图 6-8　各省市自治区 2014 年新闻出版产业发展条件指数条形图

通过分析可以得到，与产业发展综合指数的排名相比，在发展落后区域，除了甘肃、贵州、宁夏、青海、西藏外，另外有吉林、山西、黑龙江、新疆、海南、内蒙古。总体来看，在影响新闻出版业发展的条件方面，有更多的城市发展比较落后。与2013年相比，发达区域的指数最低值从0.30提升到0.41，表明新闻出版业发展条件在发达地区水平有所提高，发展条件有所改进。

（4）各省市自治区2014年新闻出版业发展能力指数及排名情况

产业发展能力指数主要衡量新闻出版产业主体的发展能力，包括：企业创新能力、竞争能力、成长能力情况。我们对全国31个省、自治区、直辖市2014年新闻出版业发展能力情况进行测评分析，得出各省、自治区、直辖市新闻出版产业发展条件指数及其排名（如表6-12和图6-9所示）。其中，江苏、广东、北京、山东、浙江、上海的产业发展能力指数在0.3以上，属于产业发展能力情况较发达区域；湖南、四川、安徽、河北、河南、湖北、广西、云南、天津、吉林、陕西、辽宁的产业发展能力指数在0.2~0.28之间，属于产业发展能力情况次发达地区；福建、海南、重庆、江西、新疆、内蒙古、山西、宁夏、甘肃、黑龙江、青海、西藏的产业发展能力指数在0.11~0.19之间，属于产业发展能力情况次发达地区；贵州的主体发展指数为0.05，排在最后，说明贵州的新闻出版企业的发展能力方面存在劣势。

与2013年发展主体情况相比，上海的发展指数从0.28上升到0.3，同时，贵州仍然是排在最后一名，青海、内蒙古的主体发展指数相较于2013年水平有所提高，说明这两个地区的新闻企业在创新能力、竞争能力、成长能力方面总体来说有所提升。

表6-12 各省市自治区2014年新闻出版产业发展能力指数及排名

区域	产业发展能力指数	排名	区域	产业发展能力指数	排名
江 苏	0.50	1	陕 西	0.21	17
广 东	0.46	2	辽 宁	0.20	18
北 京	0.44	3	福 建	0.19	19
山 东	0.43	4	海 南	0.19	20

续表

区域	产业发展能力指数	排名	区域	产业发展能力指数	排名
浙　江	0.42	5	重　庆	0.19	21
上　海	0.30	6	江　西	0.18	22
湖　南	0.28	7	新　疆	0.18	23
四　川	0.27	8	内蒙古	0.18	24
安　徽	0.25	9	山　西	0.18	25
河　北	0.25	10	宁　夏	0.14	26
河　南	0.22	11	甘　肃	0.13	27
湖　北	0.22	12	黑龙江	0.11	28
广　西	0.21	13	青　海	0.11	29
云　南	0.21	14	西　藏	0.11	30
天　津	0.21	15	贵　州	0.05	31
吉　林	0.21	16	—	—	—

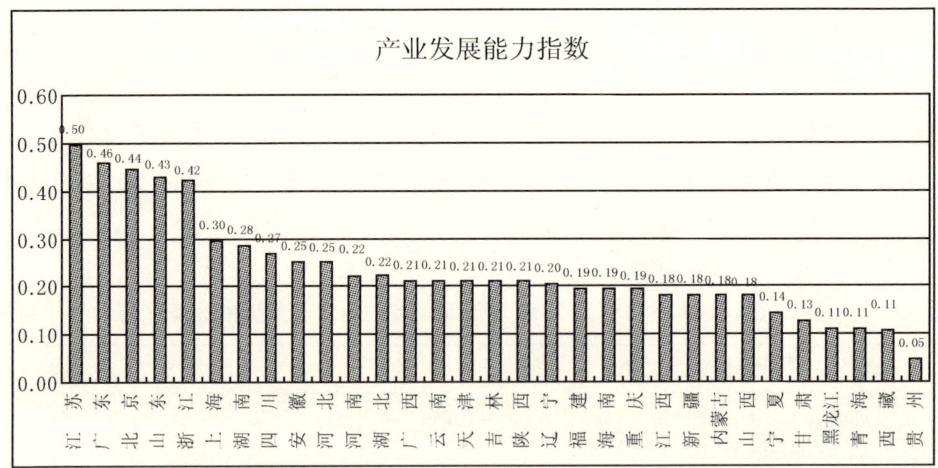

图 6-9　各省市自治区 2014 年新闻出版产业发展能力指数图

（5）各省市自治区 2014 年新闻出版业发展绩效指数及排名情况

产业发展绩效指数主要衡量新闻出版产业发展的绩效结果，包括：产业发展水平、产业经济贡献、产业社会文化影响。我们对全国31个省、自治区、直辖市2014年新闻出版业发展绩效情况进行测评分析，得出各省、自治区、直辖市新闻出版产业发展绩效指数及其排名（如表6-13和图6-10所示）。其中，北京、广东、山东、浙江、江苏、上海的产业发展绩效指数在0.44以上，属于产业发展绩效情况较发达区域，获得非常好的经济绩效与社会影响，与综合发展指数的区域、产业发展环境指数区域、产业发展能力指数区域基本一致，说明这些区域的新闻出版业在利用环境发展优势方面做得比较好，能够充分利用资源提高企业的创新能力、成长能力、竞争能力。江西、河北、安徽、四川、福建、湖北的产业发展绩效指数在0.22~0.33之间，在产业发展的绩效方面取得了比较好的成绩。陕西、湖南、重庆、河南、云南、吉林、广西的产业发展绩效指数在0.12~0.19之间，属于新闻产业发展绩效欠发达地区。天津、海南、内蒙古、甘肃、山西、贵州、辽宁、宁夏、西藏、新疆的产业发展绩效指数均在0.10以下，属于产业发展绩效落后地区。

表6-13　各省市自治区2014年新闻出版产业发展绩效指数及排名

区域	产业发展绩效指数	排名	区域	产业发展绩效指数	排名
北　京	0.60	1	云　南	0.13	17
广　东	0.55	2	吉　林	0.13	18
山　东	0.51	3	广　西	0.12	19
浙　江	0.48	4	天　津	0.08	20
江　苏	0.48	5	海　南	0.08	21
上　海	0.44	6	内蒙古	0.07	22
江　西	0.33	7	甘　肃	0.06	23
河　北	0.32	8	山　西	0.06	24
安　徽	0.31	9	贵　州	0.05	25
四　川	0.23	10	辽　宁	0.05	26
福　建	0.23	11	宁　夏	0.04	27

续表

区域	产业发展绩效指数	排名	区域	产业发展绩效指数	排名
湖　北	0.22	12	西　藏	0.03	28
陕　西	0.19	13	新　疆	0.03	29
湖　南	0.18	14	黑龙江	0.03	30
重　庆	0.18	15	青　海	0.01	31
河　南	0.14	16	—	—	—

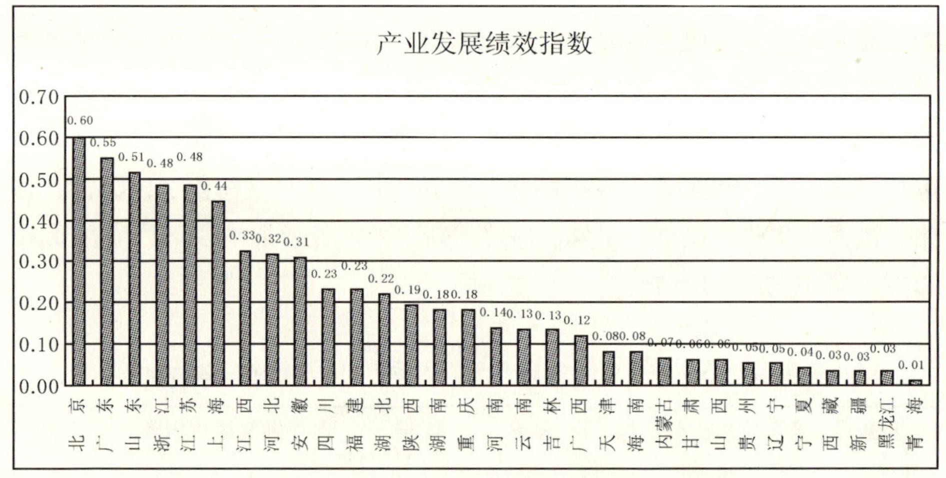

图 6-10　各省市自治区 2014 年新闻出版产业发展绩效指数

可以发现，贵州虽然在发展主体指数排名中处于最后一位，但是在产业发展绩效中并没有处于最后一位，说明贵州新闻出版业虽然在企业主体的创新能力、竞争能力、成长能力方面存在一定劣势，但仍然能够取得一定的绩效，进一步说明贵州在增强企业的创新能力、竞争能力、成长能力方面具有较大的提升空间。

天津、内蒙古、陕西、辽宁在产业发展的环境方面、产业发展能力方面、产业发展条件方面均没有处在落后区域，而在产业发展绩效方面却处于落后区域，比如，天津的产业发展能力指数为 0.21，处于次发达区域；天津的产业发展条件指数为 0.13，产业发展环境指数为 0.13，均处于欠发达地区。说明这些地区在如何利用资源，将其转化为企业绩效方面需要进一步探讨与提高，同时在企业创新、竞争、成长能力方面还需要进一步加强。

（6）各省市自治区新闻出版产业发展聚类分析

综合2014年各地区新闻出版产业环境发展指数、条件发展指数、能力发展指数和绩效发展指数，使用SPSS软件进行聚类分析得出，全国新闻出版产业发展可分为四类地区：高度发达地区，包括北京、广东、江苏、浙江、上海、山东；中等发达地区，包括河北、安徽、江西、福建、湖北、湖南、四川、河南；欠发达地区，包括吉林、重庆、陕西、云南、辽宁、山西、广东、天津；落后地区，包括黑龙江、内蒙古、贵州、西藏、青海、宁夏、新疆、甘肃、海南。与2013年区域聚类分析结果相比，除黑龙江外，其他30个地区的归类完全一致。2013年黑龙江属于欠发达地区，2014年则属于落后地区，究其原因在于该地区2014年新闻出版产业发展条件指数和绩效指数较其他地区有所降低，导致总指数顺序下降。

6.4.3 全国时间序列分析

我们对我国新闻出版产业发展指数进行时间序列分析，时间为2010年至2014共5年，以2010年为基期，各年新闻出版产业发展指数如表6-14所示，各指数增长情况如表6-15所示。

表6-14 2010~2014年新闻出版产业发展指数（基期为2010年）

年份	产业发展情况				产业发展总指数
	产业发展环境指数	产业发展条件指数	产业发展能力指数	产业发展绩效指数	
2010年	1.00	1.00	1.00	1.00	1.00
2011年	1.10	1.03	1.02	1.05	1.05
2012年	1.14	1.07	1.10	1.13	1.11
2013年	1.21	1.09	1.19	1.23	1.18
2014年	1.25	1.19	1.29	1.31	1.26

表 6-15　2010~2014 年新闻出版产业发展指数增速（基期为 2010 年）

年份	产业发展增速（单位:%）				产业发展总指数增速
	产业发展环境指数增速	产业发展条件指数增速	产业发展能力指数增速	产业发展绩效指数增速	
2011 年	10. 16	2. 77	29. 17	30. 89	25. 69
2012 年	14. 39	7. 49	18. 53	23. 26	17. 88
2013 年	21. 46	9. 03	9. 72	13. 06	11. 21
2014 年	25. 46	18. 81	2. 28	5. 34	5. 39

图 6-11 为我国新闻出版业发展环境指数从 2010~2014 年的趋势图，可以看出我国新闻出版业发展环境指数呈现逐年上升的趋势，从 1. 00 上升到 1. 25，说明总体上而言，我国新闻出版业的环境水平在不断改善，越来越有利于新闻出版业的发展。2011 年相较 2010 年的增速为 10. 16%，2012 年增速为 14. 39%，2013 年增速为 21. 46%，2014 年的增速为 25. 46%，可见 2011 年至 2014 年间我国新闻出版业发展水平逐年提高的速度在逐渐加快。

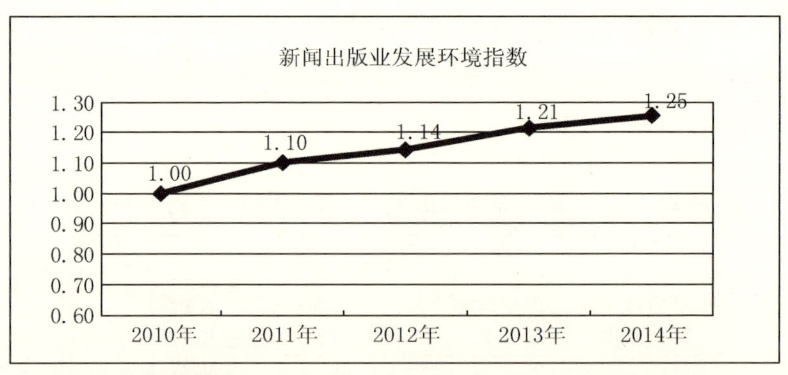

图 6-11　我国新闻出版业 2010~2014 年发展环境指数趋势图

图 6-12 为我国新闻出版业发展条件指数从 2010~2014 年的趋势图，可以发现，我国新闻出版业发展环境指数呈现逐年上升的趋势，从 1. 00 上升到 1. 19，总体上，我国新闻出版业的发展条件在不断得到改善。

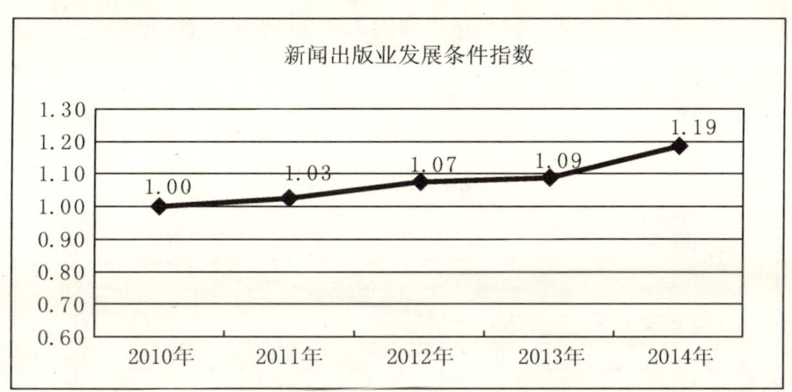

图 6-12　我国新闻出版业 2010～2014 年发展条件指数趋势图

图 6-13 为我国新闻出版业发展能力指数从 2010～2014 年的趋势图，可以发现，我国新闻出版业发展能力指数呈现逐年上升的趋势，从 1.00 上升到 1.29，总体来看，我国新闻出版业发展主体的能力水平在逐渐提高，企业的创新能力、竞争能力、成长能力不断得到提高。

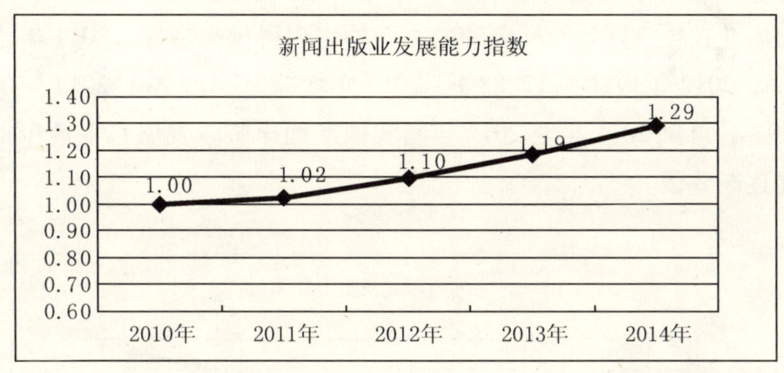

图 6-13　我国新闻出版业 2010～2014 年发展能力指数趋势图

图 6-14 为我国新闻出版业发展绩效指数从 2010～2014 年的趋势图，可以发现，我国新闻出版业发展能力指数呈现逐年上升的趋势，从 1.00 上升到 1.31，总体来看，我国新闻出版业发展绩效的水平在逐渐提高。2011 年增速为 30.89%，2012 年增速为 23.26%，2013 年增速为 13.06%，2014

年的增速为5.34%，可见2011年至2014年间我国新闻出版业发展绩效水平逐年提高的速度在逐渐放缓。

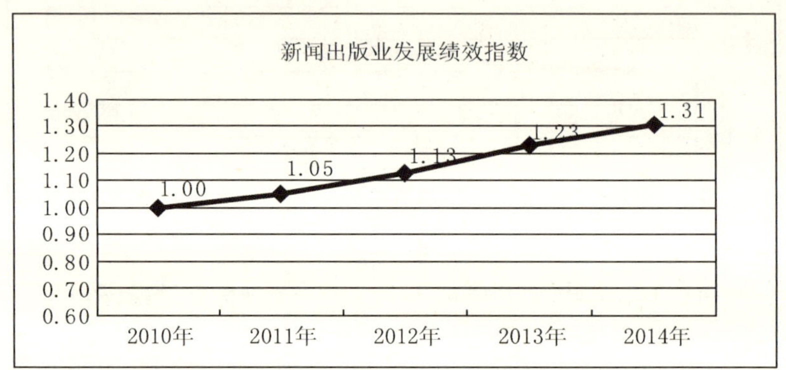

图6-14　我国新闻出版业2010~2014年发展绩效指数趋势图

图6-15为我国新闻出版业发展总指数从2010~2014年的趋势图，可以发现，我国新闻出版业发展总指数呈现逐年上升的趋势，从1.00上升到1.26，总体来看，我国新闻出版业发展的综合水平在逐渐提高，说明我国新闻出版业在经济绩效与社会绩效方面的表现得越来越好。2011年增速为25.69%，2012年增速为17.88%，2013年增速为11.21%，2014年的增速为5.39%，可见2011年至2014年间我国新闻出版业发展水平逐年提高的速度在逐渐放缓。

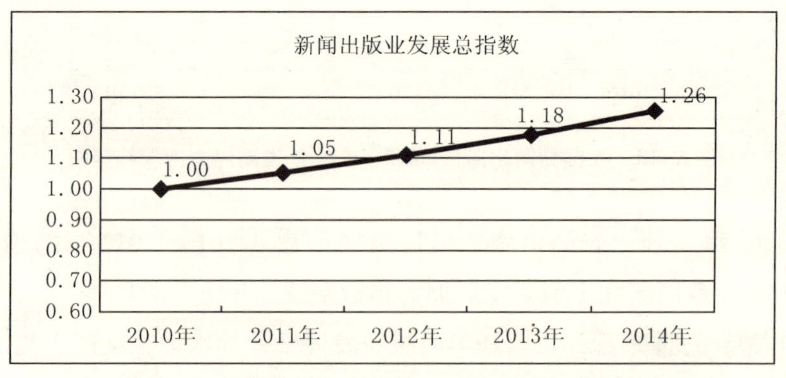

图6-15　我国新闻出版业2010~2014年发展总指数趋势图

7. 总结与展望

7.1 总　结

本书在综合分析产业发展理论和演变过程基础上提出了新闻出版业发展指数研究的现实意义，借鉴有关发展指数相关研究成果，深入研究新闻出版业发展驱动因素，基于 SCP 范式和波特钻石理论构建了新闻出版业发展指标体系，通过向专家咨询一、二级指标重要性程度的基础上，采用层次分析法确定各项指标的具体权重，最后对 2013 年和 2014 年全国 31 个省、自治区和直辖市新闻出版业发展指数以及 2011~2014 年全国新闻出版业发展指数进行了测评。

7.1.1　评价指标体系的有效性分析

根据我们设计的新闻出版业发展指标体系，我们对 2013 年和 2014 年全国 31 个省、自治区和直辖市新闻出版业发展指数以及 2011~2014 年全国新闻出版业发展指数的测评结果与其他相关的产业分析报告进行比对，可以发现，测评的结果与《新闻出版产业分析报告》有较高的一致性。如《2013 年新闻出版产业分析报告》中选取了营业收入、增加值、总产出、资产总额、所有者权益、利润总额和纳税总额 7 项经济规模指标，对全国 31 个省市自治区的总体经济规模进行综合评价，其排名结果的前 10 名为广东、北京、江苏、浙江、山东、上海、河北、安徽、福建、四川，而本书的测评结果前10名为广东、北京、江苏、浙江、上海、山东、四川、安徽、湖南、河北。可以看出：排序前10名的省份有较高的一致性，仅有1个省份不同，前者为福建（第9名），后者为湖南（第9名）；且前5名的省份两者的评价结果高度一致，仅有山东和上海的顺序有所变化。《2014年新闻出版产业分析报告》对全国31个省市自治区的总体经济规模进行综合评价，其排名结果的前10名为广东、北京、浙江、江苏、山东、上海、河北、安徽、四川、福建，而本书的测评结果前10名为北京、广东、江苏、浙江、山东、上海、安徽、四川、河北、湖南。可以看出：排序前10名的省份仍有较高的一致性，仅有1个省份不同，前者为福建（第10名），后者为湖南（第10名）；且前5名的省份两者的评价结果高度一致，仅有各地区的排序略有差异。如果再把本书的测评结果与中国人民大学文化产业研究院向社会公开发布中国省市文化产业发展指数（2014）[1]的结果来看，综合指数排名前10的省份分别为：北京、江苏、浙江、广东、上海、山东、辽宁、河北、湖南、江西。中国省市文化产业发展指数（2015）的综合指数排名前10的省份分别为上海、北京、江苏、浙江、广东、山东、福建、四川、湖南和河北。考虑到文化产业发展指数和新闻出版业发展指数采用的指标体系反映的评价客体的异同，以及所采用的评价指标体系的异同，两个指数评价的结果肯定会出现既有大体相同之处，又有部分不同之处。具体的排序对比情况如表7-1和表7-2所示。

---

〔1〕 2014年的省市文化产业发展指数采用的是2013年的数据，2015年的指数评价采用的是2014年的数据。

表 7-1　各测评指数 2013 年评价结果排序对比（前 10 名）

排序	总体经济规模综合评价排序	中国新闻出版业发展指数排序	中国省市文化产业发展指数排序
	《新闻出版产业分析报告》	《中国新闻出版业发展指数》	《中国文化产业发展指数》
	新闻出版研究院	北京印刷学院课题组	中国人民大学文化产业研究院
1	广东	广东	北京
2	北京	北京	江苏
3	江苏	江苏	浙江
4	浙江	浙江	广东
5	山东	上海	上海
6	上海	山东	山东
7	河北	四川	辽宁
8	安徽	安徽	河北
9	福建	湖南	湖南
10	四川	河北	江西

表 7-2　各测评指数 2014 年评价结果排序对比（前 10 名）

排序	总体经济规模综合评价排序	中国新闻出版业发展指数排序	中国省市文化产业发展指数排序
	《新闻出版产业分析报告》	《中国新闻出版业发展指数》	《中国文化产业发展指数》
	新闻出版研究院	北京印刷学院课题组	中国人民大学文化产业研究院
1	广东	北京	上海
2	北京	广东	北京
3	浙江	江苏	江苏
4	江苏	浙江	浙江
5	山东	山东	广东
6	上海	上海	山东

续表

<table>
<tr><td rowspan="3">排序</td><td>总体经济规模综合评价排序</td><td>中国新闻出版业发展指数排序</td><td>中国省市文化产业发展指数排序</td></tr>
<tr><td>《新闻出版产业分析报告》</td><td>《中国新闻出版业发展指数》</td><td>《中国文化产业发展指数》</td></tr>
<tr><td>新闻出版研究院</td><td>北京印刷学院课题组</td><td>中国人民大学文化产业研究院</td></tr>
<tr><td>7</td><td>河北</td><td>安徽</td><td>福建</td></tr>
<tr><td>8</td><td>安徽</td><td>四川</td><td>四川</td></tr>
<tr><td>9</td><td>四川</td><td>河北</td><td>湖南</td></tr>
<tr><td>10</td><td>福建</td><td>湖南</td><td>河北</td></tr>
</table>

从我国新闻出版业发展总指数的测评结果来看，2011 年至 2014 年我国新闻出版业发展总指数呈现逐年上升的趋势，2011 年至 2014 年间我国新闻出版业发展增速在逐渐放缓。这一结论与相关的研究结果以及与新闻出版行业的发展现状基本一致。如《2014 年新闻出版产业分析报告》显示，2014 年全国出版、印刷和发行服务完成营业收入 19967.1 亿元，同比增长 9.4%；利润总额 1563.7 亿元，同比增长 8.6%。与往年相比，增速有所回落。《中国省市文化产业发展指数（2015）》显示：2015 年全国省市文化产业指数的均值达到了 73.65，比 2014 年的 73.61 略有上升，但指数增速相对趋缓。具体到新闻出版业发展总指数的各一级指标看，我们发现：虽然产业发展的总指数的增速在放缓，但是产业发展环境和产业发展条件这两个二级指标的增速在上升。如表 7-3 所示。这表明“十二五”期间，我国新闻出版业的总体增长主要还是依赖于发展环境和发展条件的增长。这一结果与国家在“十二五”期间出台了一系列的对新闻出版业的扶持政策、有力地优化了产业发展环境有较高的吻合度。

表 7-3　2010~2014 年新闻出版产业发展指数

年份	产业发展环境指数增速	产业发展条件指数增速	产业发展能力指数增速	产业发展绩效指数增速	产业发展总指数增速
2014 年	25. 46	18. 81	2. 28	5. 34	5. 39
2013 年	21. 46	9. 03	9. 72	13. 06	11. 21
2012 年	14. 39	7. 49	18. 53	23. 26	17. 88
2011 年	10. 16	2. 77	29. 17	30. 89	25. 69

7. 1. 2　测评结果分析

根据我们对 2013 年和 2014 年全国 31 个省、自治区和直辖市新闻出版业发展指数以及 2011~2014 年全国新闻出版业发展指数的测评结果进行分析，研究发现，现阶段我国新闻出版产业发展具有以下特征：

第一，新闻出版产业发展主要依赖于产业环境和产业条件的驱动。从 2010 年至 2014 年 5 年期间全国各年新闻出版产业发展指数的情况来看，产业发展总指数呈现逐年上升的趋势。反映产业发展情况的 4 项分指数——产业发展环境指数、产业发展条件指数、产业发展能力指数以及产业发展绩效指数也都呈现逐年上升的趋势。这基本反映出我国新闻出版产业在近 5 年来不断发展的态势。但从发展指数增速来看，产业发展总指数的增速在逐年递减，从 2011 年的 25. 69%降低到 2014 年的 5. 39%。在四项分指数中，反映产业发展内在因素的产业发展能力指数和产业发展绩效指数的增速都是逐年降低的。2011 年到 2014 年，产业发展能力指数的增速分别为 29. 17%、18. 53%、9. 72%、2. 28%；产业发展绩效指数的增速分别为 30. 89%、23. 26%、13. 06%、5. 34%。而反映产业发展外在因素的产业发展环境指数和产业发展条件指数的增速则在逐年增加。2011 年到 2014 年，产业发展环境指数的增速分别为 10. 16%、14. 39%、21. 46%、25. 46%；产业发展条件指数的增速分别为 2. 77%、7. 49%、9. 03%、18. 81%。而且，产业发展环境指数的增速高于产业发展条件指数。可以说，新闻出版产业发展呈现的逐年上升趋势，更多的是依赖于产业发展环境和产业发展条件的驱动。对于产业发展能力和产业发展绩效推动产业发展的增速在下降这一问题，需要予以充分重视并采取针对性措施。

第二，新闻出版产业发展存在着明显的东西部地区差异。测评结果表明：全国新闻出版产业发展大体可分为四类地区：高度发达地区，包括北京、广东、江苏、浙江、上海、山东；中等发达地区，包括河北、安徽、江西、福建、湖北、湖南、四川、河南；欠发达地区，包括吉林、重庆、陕西、云南、辽宁、山西、广东、天津；落后地区，包括黑龙江（2013 年属于欠发达地区，2014 年属于落后地区）、内蒙古、贵州、西藏、青海、宁夏、新疆、甘肃、海南。从 2013 年和 2014 年各省市自治区新闻出版产业发展总指数来看，区域发展指数呈阶梯状分布。第一阶梯的省市均来自经济相对发达的东部地区，第二、三阶梯的省市多数位于中部地区和北部地区，而新闻出版产业发展落后区域多数来自于西部地区。

第三，产业发展环境对产业发展有着重要的影响。从 2013 年和 2014 年我国各省市自治区新闻出版产业发展指数来看，产业发展环境指数排名总体上和产业发展总指数的排名基本一致。其中，产业发展总指数的第一阶梯城市（2013 年，广东、北京、江苏、浙江、上海、山东；2014 年，北京、广东、江苏、浙江、山东、上海），其产业发展环境指数也都排列在第一阶梯；产业发展环境指数的第二、三阶梯城市与发展总指数包含的城市基本相同。

第四，产业发展条件在各省市自治区不均衡。从 2013 年我国各省市自治区新闻出版产业发展条件指数来看，与当年的产业发展总指数对比，发达区域的省份是一致的；2014 年的情况是基本一致（少了山东）的。2014 年与 2013 年对比，发达区域的指数最低值从 0.30 提升到 0.41，表明新闻出版业发展条件在发达地区水平有所提高，发展条件有所改进。而在发展条件落后区域，两年度都增加了几个省份。其中，2013 年增加了 2 个省份，2014 年增加了 6 个省份，这些省份的产业发展条件指数均在 0.1 以下，产业发展条件比较落后。即在影响新闻出版业发展的条件方面，一些省份发展比较落后，且 2014 年比 2013 年有所增加，这些省份的产业发展条件还需充分开发。

第五，产业发展能力有所提升，落后区域的省份数量较少，但还需加强对其中融合发展能力的信息统计。从2013年我国各省市自治区新闻出版产业发展能力指数来看，与当年的产业发展总指数对比，发达区域的省份是基本一致的（少了上海）；2014年的情况是完全一致。而在产业发展能力落后区域，2013年有3个省份的发展能力指数低于0.1，到2014年，这三个省份（青海、内蒙古和贵州）的发展能力指数尽管还较低，但都有所提升，指数低于0.1的只有1个省份。在关注产业发展能力提升的同时，还需注意，融合发展能力是产业发展能力的重要组成部分，但是由于统计信息方面的不足还不能充分反映该能力情况，因此，还有必要重视该指标，加强对其信息的统计工作。

第六，部分省份的产业发展绩效还有较大的提升空间，关键是要将产业发展环境、产业发展条件和产业发展能力方面整合应用。从2013年我国各省市自治区新闻出版产业发展绩效指数来看，与当年的产业发展总指数对比，发达区域的省份是基本一致的（少了上海）；2014年的情况是完全一致。而在产业发展绩效落后区域，与当年的产业发展总指数对比，两年度都增加了几个省份。其中，2013年增加了4个省份，2014年增加了7个省份。这些省份的发展绩效指数都低于1.0，属于发展绩效落后区域。发展绩效落后的省份虽然较多，但其中一些省份还有很大的提升空间。例如，天津、内蒙古、陕西、辽宁在产业发展环境、产业发展条件、产业发展能力方面均没有处在落后区域，而在产业发展绩效方面却处于落后区域，说明这些地区在如何利用资源和条件，将其转化为企业绩效方面需要进一步探讨与提高，同时在企业创新能力、竞争能力以及成长能力方面还需要进一步加强。

7.1.3 相关政策建议

基于我们通过新闻出版业发展指数对我国新闻出版业纵向（时间）与横向（地区）的评测，以及对驱动我国新闻出版业发展因素的研究，结合新闻出版业发展现实情况的分析，提出以下政策建议。

第一，努力提升新闻出版企业发展能力，维持并提高新闻出版业发展的增速。通过对我国新闻出版产业发展指数进行时间序列分析可以发现，尽管全国新闻出版产业持续发展，但产业发展能力下滑却较为严重。产业发展能力是驱动产业发展的重要内在因素，包含发展的三方面重要能力，即企业创新能力、企业竞争能力和企业成长能力，这是通过产业主体推动整个新闻出版行业发展的重要动力，也是整个行业发展质量与发展水平的根本保障。我们要更加重视通过推动产业发展主体即新闻出版企业的发展能力来提高新闻出版产业发展的增速，以产业创新能力、竞争能力和成长能力为核心促进产业发展能力提升。

推动新闻出版企业的发展能力，可以从以下方面入手：一是通过做好重点出版物出版规划、进一步完善优秀图书评选与激励机制等措施，积极引导出版企业出版原创作品，多出精品力作。在出版产品高度同质化和读者需要高度个性化的今天，出版企业必然高度重视产品研发，从出版物的类型、内容、装帧、形式、载体等各方面实现创新。二是加强基础科技环境体系建设。完善新闻出版行业科技政策与制度；创新体制机制，建立行业基础科技服务体系，推动行业科技创新智库建设；鼓励新闻出版企业实施高端复合型科技创新人才培养及行业人员科技应用素质培训；支持新闻出版企业与高校、科研机构及技术企业联合培养科技人才库，建立产学研联动机制。三是支持并鼓励新闻出版企业开展技术创新。出版企业需要不断推动科技与出版融合，不断适应现代科技发展趋势，运用高新技术手段，创新文化产品生产和传播方式，不断培育新的文化业态。政府需要为各类新闻出版企业搭建科技创新平台，提供基础的信息，鼓励企业提升自身创新能力的培养，提升科技创新研发力度，协调短期利益与长期利益之间关系。四是促进新闻出版企业增强自身的经营能力，比如，要进行准确的市场细分，制定合理的市场定位，并围绕目标市场制定有效的策略并保证实施。

第二，探索对口支援政策及运用市场化手段，促进新闻出版业的区域协调发展。从测评结果来看，东部经济发达地区的产业发展水平明显优于中西部经济发展落后地区，这反映出我国出版产业发展过程中东部沿海地区强、西部内陆地区弱的产业结构不均衡问题。这种不均衡客观上反映了由于东西部经济发展水平不均衡给新闻出版产业发展带来的影响，东西部供需条件的巨大差异关系、产业结构与关联方式及其特点的复杂、收入差异及消费结构、人力资源及基础设施、经济增长驱动方式、要素流动方式及金融环境以及产业主体的发展能力和市场意识等。从消费群体来看，经济基础决定了普遍受教育程度与文化水平，同时，后者又是经济发展的引擎与关键。因此，应该努力提升中西部地区民众的文化消费水平与能力。

这一问题的解决不仅对于协调我国新闻出版业东西部发展有利，对于我国区域经济发展协调战略也是根本性落脚点。建议采取以下措施：一是需要新闻出版政府主管部门通过政策引导，加强业务指导，在政策实施、项目安排、资金投入、体制创新等方面给予积极支持，帮助西部地区改善发展环境和条件。二是借鉴国家的对口支援政策，让新闻出版业发达的省市对口支援西部欠发达地区，建立刚性约束机制，支持以企业合作项目为载体，推动人才、资金、技术、市场等要素有效对接。三是鼓励东部等新闻出版业发达地区的出版集团以资产运作的形式，采取兼并、收购、重组等措施，在国家政策的引导下，利用市场化的手段，推动西部地区新闻出版业的发展。

第三，新闻出版业从业人员必须更加强化产业属性和产业意识。从一级指标的权重系数的最终值来看，可以看出新闻出版产业的发展环境和发展条件的权重系数高于发展能力和发展绩效的权重系数。这似乎不太符合一般产业发展的逻辑，即内因（产业主体的发展能力）应该比外因（产业的发展环境和条件）更重要，结果（发展绩效）应该比过程（环境、条件和能力）更重要。但如果进一步分析，由于长期以来我国新闻出版业更加强调其社会属性和意识导向功能，再加上新闻出版产业从整体上还处于产业初步形成的成长阶段，产业的发展水平和发展实绩与国家资源投入、国家的政策导向和整体环境的支持密不可分，因此，根据问卷调查收集数据最终计算出来的权重系数，也在一定程度上客观反映了新闻出版业界人士对有关产业发展的基本认识和理解。一方面，由于新闻出版业的社会功能，决定了其自身产业发展的特殊性，那就是始终坚持社会效益放在首位。为了眼前的经济利益而罔顾政治责任和社会责任，是绝对不可取的。但另一方面，新闻出版业在前期的改革发展阶段，已经初步明确了产业的属性，在全面深化改革阶段，新闻出版业从业人员还必须更加强化产业属性和产业意识，实现效益增长。规模、产能、价值，是任何产业的核心要素，新闻出版产业同样要在这三个方面下功夫，不断调节规模和产能、不断体现价值，确保产业的持续发展和繁荣。成为市场主体后，文化企业的生产经营自主权已经最大化，应紧紧围绕这三个核心要素，在外部要向市场要效益，内部要向深化改革要发展。

第四，努力改善新闻出版业发展环境，充分开发与利用新闻出版业发展条件。通过分析可以看出，新闻出版发展环境在总指数中的权重占到0.2985，并且，在我们基于总指数以及环境发展指数评价进而划分的四个阶梯中，两者的省市分布基本一致。这从实证的角度证明了新闻出版业发展环境对于产业的发展至关重要。因此，我们应该致力于构建良好的发展环境，提升新闻出版业的发展空间。可从以下方面入手：一是通过开展全民阅读等方式，培养民众的终身学习意识，有针对性地对不同群体，比如少儿、上班族、退休老年人等开展引导性的学习意识与能力的引导与培养。二是健全保障新闻出版业发展的法制体系，推动新闻出版法规、规章的制定和修订；三是完善审读、舆情监测、信息沟通和应急管理机制，进一步规范新闻采编秩序和报刊经营秩序；四是贯彻落实《国家知识产权战略纲要》，加大版权保护力度，增强依法维权的意识，严厉打击侵权盗版行为。

产业资源是决定企业发展的最根本因素。在SCP框架中着重突出市场结构的作用，认为市场结构是决定市场行为和市场绩效的因素。具体可以从以下方面入手，挖掘新闻出版业发展条件带来的发展空间：一是加强新闻出版业人才队伍建设。着力培养一批新闻出版行业的领军人才；着力培养一批优秀的编辑、发行和版权管理人才；着力提升新闻出版行业人员的经营管理水平、资本运作水平及应对市场变化的能力；构建对高端人才特别是出版企业高层领导的激励机制，倡导并打造企业家精神。二是推进战略性调整，优化产业结构，提高产业规模化、集约化、专业化水平。打造一批有实力的大中型国有企业，鼓励有实力的国有文化企业跨地区、跨行业、跨所有制兼并重组，加强文化产业园区建设，发展专、精、特、新的中小型新闻出版企业。三是巩固、提升传统出版产业的发展的同时，加速发展数字出版等新兴出版业态。鼓励新闻出版业与其他产业的融合发展。

7.2 不足与展望

无论是中国新闻出版产业的理论还是实践，均处在初步形成后的成长阶段，中国新闻出版业指数的发布仅是对新闻出版业发展状况深入探析的开始，无论从支撑指数的理论，还是指标体系的构建、指标体系的测评方法这个流程，均有许多尚待改进和进一步思考的空间，主要表现为：

第一，理论基础仍需完善。虽然本书充分考虑了新闻出版业的文化属性，基于新闻出版业发展的核心理论以及相关政策构建，但正因为新闻出版业等学科理论也在不断完善过程中，新闻出版产业政策在不断调整之中，因此，这在为新闻出版产业理论和新闻出版产业政策调整提供基础的同时，也会使中国新闻出版业指数的指标体系处于不断完善之中。

第二，指标体系的设计有待进一步优化。数据的可得性是指标选取的基石，由于我国整体新闻出版产业发展的不成熟，以及缺乏相关数据的统计和发布，因此有些较重要的指标只能舍弃，为此，需进一步思考指标的替代性和可筛选性方法。此外，本书虽然采用了收集问卷，并以问卷为基础进行指数权重的计算处理，但由于问卷人群对新闻出版产业大局的了解各有侧重，且受访者回答问卷的环境没有得到严格控制，因此，问卷的质量也会在一定程度上影响到指标权重的科学性。后期的相关工作主要有以下两个方面：

一是提取关键要素，简化指标体系。多指标构成的指标体系可以全面反映新闻出版业发展状况，但繁杂的指标体系也会加大数据收集难度。后期研究中会深入挖掘指标体系中各指标之间的相关性，通过构建数学模型的方法识别影响新闻出版业发展的关键要素，进而达到简化指标体系的目标，力争使用简洁明了的指标体系反映新闻出版业发展状况，也为促进新闻出版业发展发挥引导作用。

二是进行更为科学的权重设计。本书以大量业内人士对一级指标和各一级指标下二级指标重要性程度排序的问卷调查结果为基础，采用层次分析法最终确定出各项指标的具体权重。从理论上讲该方法具有科学性。但是从调查结果来看，所调查业内人士对新闻出版产业发展关键要素判断的准确性良莠不齐，一些业内人士立足于自身出版企业发展所需条件和要素去衡量整个新闻出版业发展要素的重要程度，相对来说眼界不高，对新闻出版业发展的全局指导性不强。后期研究过程中会选取业内资深专家进行调查，首先通过德尔菲法确定一致、收敛的一级指标和二级指标重要性顺序，然后再采用层次分析法确定各级指标的具体权重，以提高指标权重的科学性。

第三，数据的获取与处理仍需更好地解决。就当前指数体系而言，虽然采用了大量统计年鉴的数据，但由于我国新闻出版产业整体的数据不足，以及统计口径的不一致，难免出现漏误，会影响到测评结果的相对公正性。我们在追求相对公正的同时，更期望以后能够通过自行调研，采用抽样方法等形成一套相对稳定的数据来源，以期为新闻出版产业的发展带来更加相对精准的判断。还有一些指标，如版权执法行政处罚数量、国民综合阅读率、国民数字化阅读率、数字出版营业收入等，只有全国的数据，没有分省数据，如果去掉这个指标，可能会导致整个指标体系的科学性出现较大问题，因此，本书对这些指标项的数据采取各省与全国同等赋值的处理办法，这有待课题组在以后的工作中想办法补充分省的数据，更希望新闻出版主管部门能积极创造条件，尽快开展以上指标的分省数据收集工作。

第四，对测评结果的分析还存在较大的空间。对运用测算结果指导我国新闻出版产业进一步发展的分析还有待进一步深入。对各项指数所反映出来的新闻出版业的内在运作规律及其机理的分析和认识还需要进一步加强，从而使新闻出版业发展指数的研究可以更好地为促进新闻出版业的发展服务。

中国新闻出版业发展指数的构建和测算是个系统工程，需要多学科知识背景和多方信息，更需要不断钻研和持续改进。因此，在发布这个报告的同时，我们把指数体系和初步结果与各界分享，以期提供讨论范例，为今后的深入研究积累经验，希望这份报告能给我国新闻出版产业的良性发展带来有益价值。

附件1　新闻出版业发展指数指标体系调查问卷

尊敬的先生/女士，您好！

本问卷是由国家新闻出版广电总局立项的“新闻出版业发展指数研究”课题的一份调查，旨在了解影响和评价新闻出版业发展情况的主要指标，希望您根据您的专业和经验给出答案。衷心感谢您对本次调查的大力支持！

第一部分：一级指标和二级指标排序

说明：请对下表中每行指标按重要性排序，例如，您认为A指标最重要，C指标次重要，B指标较不重要，那么在该行的后面一格中填写“ACB”；有四个指标的排序方式相同。

一级指标		重要度排序
A产业发展环境；B产业发展条件；C产业发展能力；D产业发展绩效		
二级指标		**重要度排序**
“产业发展环境”指标	A社会经济基础；B产业政策；C相关与支持性产业	
“产业发展条件”指标	A产业资源；B产业布局和结构；C产业增长方式；D市场竞争情况	
“产业发展能力”指标	A市场主体；B企业创新能力；C企业竞争能力；D企业成长能力	
“产业发展绩效”指标	A产业发展水平；B产业经济影响；C产业社会文化影响	

第二部分：三级指标重要程度评价

说明：请在对应的评价表格中画“√”，表示该三级指标的重要程度（很重要、较重要、不重要）。

一级指标	二级指标	三级指标	三级指标评价		
			很重要	较重要	不重要
1 产业发展环境	1.1 社会经济基础	经济规模（如，人均GDP）			
		收入水平（如，人均可支配收入）			
		消费结构（如，城镇居民家庭恩格尔系数）			
		人口规模（如，总人口）			
		受教育程度（如，大学及以上文化程度人口所占比重）			
		文化消费水平（如，出版物零售总额）			
		产业规模（如，新闻出版产业增加值占第三产业增加值比例）			
	1.2 产业政策	产业法制状况（如，法律法规完备程度）			
		知识产权保护（如，产权保护覆盖范围）			
		产业资助状况（如，受国家资助企业比例；财政补贴额度）			
		政府投资（如，政府对新闻出版产业财政拨款占总收入的比重）			
		税收优惠（税收优惠额度）			
	1.3 相关与支持性产业	软件和信息技术服务业（如，与软件业合作的企业数）			
		通信运营业情况（如，与电信业合作的企业比重）			
		文化产业（如，文化产业发展规模）			
		传媒业（如，传媒业发展规模）			
		教育业（如，公共教育经费占地区GDP的比重）			

续表

一级指标	二级指标	三级指标	三级指标评价		
			很重要	较重要	不重要
2 产业发展条件	2.1 产业资源	人力资源（如，新闻出版业从业人员百分比）			
		资本资源（如，新闻出版业总资产）			
		科技资源（如，每十万人专利申请受理量）			
		文化资源［如，图书馆藏书（每百人）］			
		基础设施资源（如，新闻出版产业平均固定资产）			
	2.2 产业布局和结构	市场集中度（如，前 10 大企业所占市场份额）			
		进入壁垒（如，政府审批）			
		退出壁垒（如，固定资产投资带来的沉没成本）			
		产业基地与园区（如，产业基地、园区营业收入）			
	2.3 产业增长方式	骨干企业情况（如，出版传媒集团主营业务收入）			
		中小企业情况（如，中小企业增长率）			
		相关产业融合（如，跨产业融合企业数量）			
	2.4 市场竞争情况	国际竞争力（如，国际市场份额）			
		外资进入情况（如，外资投资额）			
		版权贸易影响力（如，贸易竞争力指数）			
		版权贸易水平（如，对外贸易额）			
		民营企业情况（如，民营企业数量）			
3 产业发展能力	3.1 市场主体	企业总量（如，新闻出版企业数量）			
		国有控股企业状况（国有控股企业营业收入）			
		上市企业情况（如，上市企业营业收入）			
	3.2 企业创新能力	科技创新能力（如，专利拥有量）			
		文化创新能力（如，原创作品比例）			
		技术能力基础（如，高级技术人员占员工总数百分比）			

续表

一级指标	二级指标	三级指标	三级指标评价		
			很重要	较重要	不重要
	3.3 企业竞争能力	设备更新（如，新设备投资占再生产投资比率）			
		国际竞争力（如，版权输出品种）			
		产品策略（如，出版物新品种比例、再版比例）			
		价格策略（如，出版物价格指数）			
		渠道策略（如，出版物发行网点数量）			
		市场开拓能力（如，产品销售收入增长率）			
	3.4 企业成长能力	企业战略（如，有明确的发展规划企业数）			
		多元化成长（主业所占比例）			
		企业文化价值观（如，企业社会责任感）			
		横向一体化（如，并购企业数量）			
		人力资源开发（培训费用比例）			
		内部信息化建设水平（信息系统覆盖率）			
4 产业发展绩效	4.1 产业发展水平	产业发展规模（如，主营业务收入）			
		产业发展速度（如，主营业务收入增长率）			
		产业发展质量（如，利润率）			
	4.2 产业经济影响	产业经济贡献（如，产业增加值占文化产业 GDP 的比重）			
	4.3 产业社会文化影响	社会人文发展状况（如，阅读率）			
		产业就业贡献（如，新闻出版业直接就业人数）			
		民众参与程度（如，民众逛书店次数）			
		服务规模（如，新闻出版发行网点数）			
		公共文化服务水平（如，各种国家文化工程入选数量）			
		社会满意度（如，政府投入经费、顾客满意度）			

您认为应该考虑的其他指标：________________________________

____

（问卷结束，谢谢支持！）

附件 2 原始数据

1.1 社会经济基础

1-1-1 收入水平（单位：元）

区 域	2014 年	2013 年	2012 年	2011 年	2010 年
全 国	20 167	26 955	24 565	21 810	19 109
北 京	44 489	40 321	36 469	32 903	29 073
天 津	—	32 294	29 626	26 921	24 293
河 北	16 647	22 580	20 543	18 292	16 263
山 西	16 538	22 456	20 412	18 124	15 648
内蒙古	20 559	25 497	23 150	20 408	17 698
辽 宁	22 820	25 578	23 223	20 467	17 713
吉 林	17 520	22 275	20 208	17 797	15 411
黑龙江	17 404	19 597	17 760	15 696	13 857
上 海	45 966	43 851	40 188	36 230	31 838
江 苏	27 173	32 538	29 677	26 341	22 944
浙 江	32 658	37 851	34 550	30 971	27 359
安 徽	16 796	23 114	21 024	18 606	15 788

续表

区　域	2014 年	2013 年	2012 年	2011 年	2010 年
福　建	23 331	30 816	28 055	24 907	21 781
江　西	16 734	21 873	19 860	17 495	15 481
山　东	20 864	28 264	25 755	22 792	19 946
河　南	15 695	22 398	20 443	18 195	15 930
湖　北	18 283	22 906	20 840	18 374	16 058
湖　南	17 622	23 414	21 319	18 844	16 566
广　东	25 685	33 090	30 227	26 897	23 898
广　西	15 557	23 305	21 243	18 854	17 064
海　南	17 476	22 929	20 918	18 369	15 581
重　庆	18 352	25 216	22 968	20 250	17 532
四　川	15 749	22 368	20 307	17 899	15 461
贵　州	12 371	20 667	18 701	16 495	14 143
云　南	13 772	23 236	21 075	18 576	16 065
西　藏	10 730	20 023	18 028	16 196	14 980
陕　西	15 837	22 858	20 734	18 245	15 695
甘　肃	12 185	18 965	17 157	14 989	13 189
青　海	14 374	19 499	17 566	15 603	13 855
宁　夏	15 907	21 833	19 831	17 579	15 344
新　疆	15 097	19 874	17 921	15 514	13 644

1-1-2 人口规模（总人口　单位：万人）					
区　域	2014 年	2013 年	2012 年	2011 年	2010 年
全　国	136 782.00	136 072.00	135 404.00	134 735.00	134 091.00

续表

区 域	2014 年	2013 年	2012 年	2011 年	2010 年
北 京	2151.60	2114.80	2069.30	2018.60	1961.90
天 津	1516.81	1472.21	1413.15	1354.58	1299.29
河 北	7383.75	7332.61	7287.51	7240.51	7193.60
山 西	3647.96	3629.80	3610.83	3593.28	3574.11
内蒙古	2504.81	2497.61	2489.85	2481.71	2472.18
辽 宁	4391.00	4390.00	4389.00	4383.00	4375.00
吉 林	2752.38	2751.28	2750.40	2749.41	2746.60
黑龙江	3833.00	3835.02	3834.04	3834.01	3833.35
上 海	2425.68	2415.15	2380.43	2347.46	2302.66
江 苏	7960.06	7939.49	7919.98	7898.80	7869.34
浙 江	5508.00	5498.00	5477.00	5463.00	5446.51
安 徽	6082.90	6029.80	5988.00	5968.00	5956.70
福 建	3806.00	3774.00	3748.00	3720.00	3693.00
江 西	4542.16	4522.15	4503.93	4488.44	4462.25
山 东	9789.43	9733.39	9684.87	9637.27	9587.87
河 南	9436.00	9413.35	9406.20	9388.24	9405.47
湖 北	5816.00	5799.00	5779.00	5758.00	5727.91
湖 南	6737.24	6690.60	6638.93	6595.60	6570.10
广 东	10 724.00	10 644.00	10 594.00	10 505.00	10 440.94
广 西	4754.00	4719.00	4682.00	4645.00	4610.00
海 南	903.48	895.28	886.55	877.38	868.55

续表

区　域	2014 年	2013 年	2012 年	2011 年	2010 年
重　庆	2991.40	2970.00	2945.00	2919.00	2884.62
四　川	8140.20	8107.00	8076.20	8050.00	8044.92
贵　州	3508.04	3502.22	3484.07	3469.00	3479.00
云　南	4713.90	4686.60	4659.00	4631.00	4601.60
西　藏	317.55	312.04	307.62	303.30	300.22
陕　西	3775.12	3764.00	3753.00	3743.00	3735.00
甘　肃	2590.78	2582.18	2577.55	2564.19	2559.98
青　海	583.42	577.79	573.17	568.17	563.47
宁　夏	661.54	654.19	647.19	639.45	632.96
新　疆	2298.47	2264.30	2232.78	2208.71	2185.00

1-1-3 受教育程度（如，大专及以上文化程度人口数　单位：人）					
区　域	2014 年	2013 年	2012 年	2011 年	2010 年
全　国	120 698	117 925	110 990	107 348	89 300
北　京	6420	6859	6143	5597	—
天　津	2727	2670	2553	2313	—
河　北	4447	4307	3232	3045	—
山　西	2799	3013	2707	2347	—
内蒙古	2126	1966	2364	2532	—
辽　宁	6013	6924	6519	4500	—
吉　林	2578	2509	1955	2031	—
黑龙江	3744	3708	3093	2945	—

续表

区　域	2014 年	2013 年	2012 年	2011 年	2010 年
上　海	5156	4703	4392	4063	—
江　苏	8796	8462	8373	7651	—
浙　江	6510	7464	6473	5547	—
安　徽	4862	4186	4721	3218	—
福　建	3366	2554	2262	3583	—
江　西	2801	3228	2846	2536	—
山　东	7415	7445	7367	6885	—
河　南	7380	5757	4798	5612	—
湖　北	5107	5304	5514	5181	—
湖　南	4725	4343	3749	4114	—
广　东	7693	6665	8027	8852	—
广　西	2855	2732	2281	3172	—
海　南	555	593	694	526	—
重　庆	2991	2162	2299	2696	—
四　川	5706	6597	6258	5338	—
贵　州	2763	2419	1749	2232	—
云　南	2454	2763	2438	2558	—
西　藏	61	55	99	117	—
陕　西	3217	3463	3150	3050	—
甘　肃	2061	1788	1790	1816	—
青　海	567	553	423	405	—
宁　夏	540	559	452	452	—
新　疆	2263	2174	2272	2433	—

1-1-4 人均文化娱乐消费支出（如，人均文化娱乐消费支出　单位：元）					
区　域	2014 年	2013 年	2012 年	2011 年	2010 年
全　国	1562.09	1457.39	1279.81	1142.53	996.52
北　京	3267.82	3621.27			
天　津	1840.75	2065.05			
河　北	1169.73	953.17			
山　西	1519.12	1323.99			
内蒙古	1829.67	1468.63			
辽　宁	1860.27	1713.07			
吉　林	1556.62	1365.45			
黑龙江	1412.90	1057.72			
上　海	3311.44	3793.60			
江　苏	2274.05	2476.14			
浙　江	2190.54	2200.49			
安　徽	1185.21	1107.71			
福　建	1700.43	1720.42			
江　西	1184.96	998.97			
山　东	1334.12	1290.97			
河　南	1193.60	1066.46			
湖　北	1502.67	1233.47			
湖　南	1814.55	1219.65			
广　东	1972.33	2404.43			
广　西	1145.55	1086.29			
海　南	1379.88	1181.96			

续表

区　域	2014 年	2013 年	2012 年	2011 年	2010 年
重　庆	1346.55	1189.68			
四　川	1096.40	1055.58			
贵　州	1276.47	925.16			
云　南	1145.43	971.46			
西　藏	283.14	416.35			
陕　西	1556.13	1358.78			
甘　肃	1124.72	840.50			
青　海	1330.33	853.14			
宁　夏	1451.46	1182.78			
新　疆	1126.06	869.96			

1.2 产业政策与法规

1-2-1 产业法制状况（如，版权执法行政处罚数量　单位：件）					
区　域	2014 年	2013 年	2012 年	2011 年	2010 年
全　国	4728	7091	7908		
北　京					
天　津					
河　北					
山　西					
内蒙古					
辽　宁					

续表

区　域	2014 年	2013 年	2012 年	2011 年	2010 年
吉　林					
黑龙江					
上　海					
江　苏					
浙　江					
安　徽					
福　建					
江　西					
山　东					
河　南					
湖　北					
湖　南					
广　东					
广　西					
海　南					
重　庆					
四　川					
贵　州					
云　南					
西　藏					
陕　西					
甘　肃					

续表

区　域	2014 年	2013 年	2012 年	2011 年	2010 年
青　海					
宁　夏					
新　疆					

1-2-2 版权保护情况（如，版权合同登记情况　单位：份）					
区　域	2014 年	2013 年	2012 年	2011 年	2010 年
全　国	17 376	19 521	18 645	20 797	15 160
北　京	8792	9577	9587	8513	8631
天　津	564	345	305	272	184
河　北	117	197	128	38	24
山　西	47	55	25	47	37
内蒙古	0	0	0	0	0
辽　宁	238	343	279	349	519
吉　林	152	229	298	646	654
黑龙江	90	130	50	72	45
上　海	1333	1596	1177	1134	1192
江　苏	1615	2031	1283	4937	852
浙　江	526	568	1192	882	684
安　徽	361	166	161	144	136
福　建	51	86	150	47	47
江　西	361	620	592	663	535
山　东	396	351	368	235	175

续表

区　域	2014 年	2013 年	2012 年	2011 年	2010 年
河　南	344	260	179	231	216
湖　北	390	314	252	208	134
湖　南	284	559	627	438	337
广　东	213	223	167	102	0
广　西	318	301	301	326	37
海　南	186				0
重　庆	281	361	223	283	243
四　川	217	206	259	265	150
贵　州	4	43	78	13	29
云　南	120	148	204	212	16
西　藏	0	0	0	0	0
陕　西	349	782	702	653	221
甘　肃	1	0	0	0	2
青　海	0	0	0	0	0
宁　夏	1	17	23	21	4
新　疆	25	13	35	66	56

1-2-3　产业资助情况（国家对新闻出版业的财政补贴项目数　单位：项）					
区　域	2014 年	2013 年	2012 年	2011 年	2010 年
全　国	287	311			
北　京	131	143			
天　津	3	1			

续表

区　域	2014 年	2013 年	2012 年	2011 年	2010 年
河　北	1	4			
山　西	5	2			
内蒙古	1	2			
辽　宁	10	8			
吉　林	3	2			
黑龙江	5	8			
上　海	12	8			
江　苏	12	20			
浙　江	9	5			
安　徽	6	7			
福　建	7	3			
江　西	5	7			
山　东	10	11			
河　南	3	5			
湖　北	5	15			
湖　南	4	8			
广　东	14	11			
广　西	8	3			
海　南	1	2			
重　庆	3	5			
四　川	7	6			
贵　州	3	3			

续表

区　域	2014 年	2013 年	2012 年	2011 年	2010 年
云　南	3	4			
西　藏	2	1			
陕　西	4	5			
甘　肃	3	3			
青　海	3	3			
宁　夏	1	2			
新　疆	3	4			

1-2-4 政府投入（如公共财政、地方财政文化体育与传媒支出　单位：亿元）

区　域	2014 年	2013 年	2012 年	2011 年	2010 年
全　国	2691.48	2544.39	2268.35	1893.36	1542.70
北　京	386.90	359.16	141.37	87.01	79.36
天　津	47.87	44.53	35.85	29.76	24.28
河　北	82.66	72.71	59.29	50.45	37.09
山　西	63.95	66.69	60.20	48.17	31.24
内蒙古	91.90	88.05	87.21	68.78	52.96
辽　宁	92.60	95.34	79.25	68.60	56.76
吉　林	61.16	56.55	47.48	44.25	32.93
黑龙江	45.63	52.37	47.27	44.94	39.50
上　海	86.38	89.17	72.51	68.80	54.95
江　苏	190.86	173.54	150.90	116.86	88.67
浙　江	115.36	106.00	94.18	85.09	77.15

续表

区　域	2014 年	2013 年	2012 年	2011 年	2010 年
安　徽	82. 25	79. 50	71. 43	62. 35	51. 68
福　建	64. 18	57. 88	46. 07	35. 86	27. 10
江　西	60. 03	52. 62	44. 77	39. 66	28. 38
山　东	127. 75	127. 53	114. 27	91. 57	74. 03
河　南	91. 16	80. 78	69. 63	57. 54	54. 99
湖　北	76. 65	72. 44	62. 47	47. 09	36. 67
湖　南	80. 01	68. 95	54. 50	44. 87	39. 66
广　东	168. 16	141. 68	137. 64	170. 56	166. 16
广　西	68. 52	49. 85	45. 52	37. 48	32. 77
海　南	23. 51	21. 90	19. 85	16. 60	11. 61
重　庆	36. 02	34. 94	33. 08	31. 16	24. 04
四　川	135. 65	142. 40	120. 70	87. 35	59. 37
贵　州	54. 69	48. 68	49. 85	35. 31	23. 98
云　南	56. 21	61. 35	62. 06	45. 34	35. 53
西　藏	34. 10	22. 51	24. 18	18. 91	12. 48
陕　西	93. 23	100. 44	91. 81	61. 27	47. 86
甘　肃	49. 60	59. 76	49. 87	33. 07	29. 78
青　海	34. 16	25. 84	18. 92	14. 32	11. 57
宁　夏	16. 02	16. 60	14. 44	13. 94	16. 09
新　疆	74. 32	74. 63	68. 23	47. 70	33. 92

1.3 相关与支持性产业

1-3-1 通讯运营业情况（如，互联网用户数 单位：万人）					
区 域	2014 年	2013 年	2012 年	2011 年	2010 年
全 国	20 489.98	19 376.00	18 088.10	15 550.80	13 219.20
北 京	528.95	526.30	519.80	558.50	
天 津	221.14	200.80	217.30	199.60	
河 北	1127.69	1031.70	964.10	824.90	
山 西	574.63	524.80	508.50	420.30	
内蒙古	316.78	284.40	274.80	231.30	
辽 宁	792.10	749.10	730.50	680.20	
吉 林	420.54	385.60	370.80	314.70	
黑龙江	492.49	469.70	453.60	397.10	
上 海	532.47	512.20	542.50	495.80	
江 苏	1534.10	1442.40	1362.30	1183.40	
浙 江	1306.31	1278.50	1188.80	1059.60	
安 徽	583.30	566.90	527.50	453.40	
福 建	899.46	852.20	755.00	625.30	
江 西	435.59	412.90	375.40	318.20	
山 东	1563.95	1505.20	1404.40	1165.70	
河 南	1188.78	1103.80	1030.90	887.90	
湖 北	882.85	826.60	718.80	591.00	

续表

区 域	2014 年	2013 年	2012 年	2011 年	2010 年
湖 南	745.02	702.50	604.50	483.60	
广 东	2243.87	2154.30	1975.40	1716.30	
广 西	599.99	568.50	516.00	424.40	
海 南	120.28	110.90	95.50	80.40	
重 庆	475.41	438.80	388.10	319.90	
四 川	890.64	849.10	837.70	677.40	
贵 州	316.24	297.80	249.50	210.50	
云 南	431.11	411.10	457.30	381.40	
西 藏	22.07	19.10	17.10	12.80	
陕 西	565.89	520.10	453.30	383.50	
甘 肃	224.49	202.90	174.10	144.50	
青 海	62.07	55.50	50.50	42.10	
宁 夏	79.74	72.70	62.60	53.90	
新 疆	312.03	299.40	261.50	213.00	

1-3-2 教育业（在校学生数量 单位：人）					
区 域	2014 年	2013 年	2012 年	2011 年	2010 年
全 国	202 001 797	202 410 120	210 073 279	215 314 071	216 921 897
北 京	2 036 092	2 051 226	1 998 653	1 934 667	1 910 494
天 津	1 609 643	1 575 332	1 548 907	1 523 742	1 509 787
河 北	10 854 842	10 570 079	11 075 591	11 009 714	10 829 047
山 西	5 404 167	5 549 499	6 095 588	6 370 727	6 585 444

续表

区　域	2014 年	2013 年	2012 年	2011 年	2010 年
内蒙古	3 088 432	3 137 917	3 278 629	3 382 568	3450 825
辽　宁	5 024 408	5 100 952	5 274 892	5 386 511	5 478 280
吉　林	3 075 740	3 252 230	3 404 834	3 498 335	3 569 792
黑龙江	3 942 918	4 054 129	4 682 619	4 754 413	4 866 526
上　海	2 024 791	2 044 058	2 013 858	1 988 063	1 975 479
江　苏	10 023 311	9 799 233	9 962 145	10 080 594	10 343 700
浙　江	7 346 914	7 356 402	7 386 945	7 445 136	7 411 859
安　徽	9 272 105	9 364 059	9 495 635	10 152 758	10 481 872
福　建	5 687 146	5 618 650	5 622 552	5 575 500	5 554 870
江　西	8 138 183	8 058 646	8 523 729	8 549 309	8 434 359
山　东	14 090 189	13 874 793	14 008 623	14 279 250	12 934 541
河　南	17 958 674	17 953 995	20 271 682	20 571 720	20 413 654
湖　北	7 298 797	7 586 677	7 806 332	9 043 058	9 274 565
湖　南	9 782 857	9 613 332	9 692 060	9 926 913	9 771 881
广　东	17 303 238	17 450 535	17 878 909	18 263 056	18 550 409
广　西	8 591 726	8 510 631	8 518 549	8 493 928	8 435 514
海　南	1 576 579	1 578 398	1 602 536	1 631 988	1 650 300
重　庆	4 692 131	4 690 331	4 685 833	4 741 082	4 821 885
四　川	11 793 859	11 958 664	12 652 085	12 981 695	13 145 134
贵　州	7 478 901	7 409 995	7 441 807	7 638 486	7 790 824
云　南	7 560 980	7 575 306	7 807 587	8 019 539	8 072 739
西　藏	525 570	525 061	521 850	527 913	532 850

续表

区　域	2014 年	2013 年	2012 年	2011 年	2010 年
陕　西	5 709 171	5 907 035	6 156 052	6 572 515	6 765 471
甘　肃	4 142 622	4 302 258	4 667 502	4 881 088	5 130 310
青　海	916 595	920 218	938 901	967 954	970 269
宁　夏	1 223 928	1 252 346	1 269 671	1 291 341	1 284 900
新　疆	3 827 288	3 768 133	3 788 723	3 830 508	3 842 696

续表 1-3-2　教育业（在校小学生数量　单位：人）

区　域	2014 年	2013 年	2012 年	2011 年	2010 年
全　国	94 510 651	93 605 487	96 958 985	99 263 674	99 407 043
北　京	821 152	789 276	718 655	680 457	653 255
天　津	573 187	552 116	532 282	518 531	505 895
河　北	5 642 864	5 462 135	5 622 191	5 410 910	5 115 923
山　西	2 245 019	2 296 383	2 617 602	2 771 927	2 910 606
内蒙古	1 296 454	1 310 595	1 365 080	1 405 322	1 430 751
辽　宁	1 984 633	2 044 058	2 129 695	2 168 074	2 182 522
吉　林	1 268 804	1 361 868	1 423 679	1 439 237	1 444 633
黑龙江	1 486 016	1 540 035	1 867 729	1 874 996	1 879 609
上　海	802 960	792 476	760 377	731 131	701 578
江　苏	4 714 813	4 353 694	4 227 557	4 095 995	3 987 821
浙　江	3 545 013	3 495 846	3 467 269	3 440 635	3 333 274
安　徽	4 151 398	4 091 967	4 047 018	4 435 804	4 604 351

续表

区　域	2014 年	2013 年	2012 年	2011 年	2010 年
福　建	2 746 253	2 598 375	2 527 264	2 460 858	2 388 917
江　西	4 129 817	4 081 086	4 341 438	4 340 255	4 260 215
山　东	6 484 744	6 259 820	6 276 696	6 440 742	6 292 476
河　南	9 286 003	9 399 771	10 791 827	10 928 960	10 705 303
湖　北	3 211 598	3 282 579	3 267 498	3 773 446	3 655 512
湖　南	4 738 403	4 678 102	4 737 920	4 903 095	4 791 601
广　东	8 319 147	8 079 381	8 082 401	8 220 577	8 485 498
广　西	4 318 063	4 262 624	4 264 831	4 270 002	4 300 598
海　南	752 643	740 193	752 187	765 619	780 535
重　庆	2 034 165	1 989 128	1 943 177	1 954 818	1 999 407
四　川	5 313 193	5 259 536	5 607 407	5 798 017	5 921 080
贵　州	3 463 056	3 555 333	3 800 803	4 087 382	4 334 971
云　南	3 826 943	3 920 782	4 067 038	4 240 837	4 352 084
西　藏	295 142	294 799	292 016	294 725	299 408
陕　西	2 264 095	2 273 275	2 346 152	2 535 962	2 610 355
甘　肃	1 802 371	1 867 268	2 063 549	2 200 743	2 370 406
青　海	461 061	474 638	498 663	511 867	518 992
宁　夏	588 694	603 947	618 140	643 293	653 669
新　疆	1 942 947	1 894 401	1 900 844	1 919 457	1 935 798

续表 1-3-2 教育业（在校初中生数量 单位：人）

区 域	2014 年	2013 年	2012 年	2011 年	2010 年
全 国	43 846 297	44 401 248	47 630 607	50 668 024	52 759 127
北 京	306 789	310 568	305 510	302 269	309 912
天 津	267 214	260 710	256 541	261 954	273 408
河 北	2 288 195	2 088 470	2 173 677	2 150 335	2 212 343
山 西	1 218 952	1 291 442	1 502 433	1 643 113	1 713 779
内蒙古	669 657	688 464	746 308	791 411	814 686
辽 宁	1 055 661	1 057 488	1 134 585	1 195 997	1 272 295
吉 林	622 883	644 993	696 588	751 532	817 462
黑龙江	916 293	932 839	1 204 786	1 223 979	1 290 892
上 海	426 789	436 696	432 686	430 585	425 463
江 苏	1 852 029	1 857 469	1 970 169	2 111 249	2 329 518
浙 江	1 499 062	1 482 649	1 492 985	1 546 002	1 671 286
安 徽	1 924 134	1 997 091	2 130 347	2 498 800	2 789 866
福 建	1 125 729	1 108 226	1 120 356	1 157 266	1 275 763
江 西	1 750 083	1 754 361	1 945 486	2 009 641	1 999 946
山 东	3 147 954	3 179 800	3 281 023	3 451 577	3 485 570
河 南	3 993 606	3 850 493	4 537 868	4 679 780	4 694 044
湖 北	1 375 940	1 483 710	1 577 701	2 040 702	2 180 937
湖 南	2 206 344	2 142 847	2 111 100	2 163 402	2 149 204
广 东	3 767 505	4 047 906	4 424 650	4 790 565	5 001 040
广 西	1 950 844	1 950 761	1 966 202	2 008 317	2 003 911

续表

区　域	2014 年	2013 年	2012 年	2011 年	2010 年
海　南	337 350	346 790	364 677	392 397	421 593
重　庆	979 386	1 017 592	1 087 258	1 190 197	1 281 724
四　川	2 583 315	2 717 198	3 041 867	3 266 108	3 438 646
贵　州	2 068 326	2 103 033	2 100 850	2 138 054	2 136 599
云　南	1 897 966	1 874 418	1 954 348	2 052 586	2 073 500
西　藏	124 295	126 117	130 266	136 371	138 992
陕　西	1 117 284	1 201 851	1 315 464	1 498 841	1 643 225
甘　肃	970 919	1 035 940	1 180 171	1 285 392	1 384 027
青　海	211 993	208 095	208 723	223 398	219 463
宁　夏	278 323	284 758	292 813	299 635	306 755
新　疆	911 477	918 473	943 169	976 569	1 003 278

续表 1-3-2　教育业（在校中职生数量 单位：人）

区　域	2014 年	2013 年	2012 年	2011 年	2010 年
全　国	14 163 127	15 363 842	16 898 820	17 749 068	18 164 447
北　京	126 019	164 892	189 740	168 982	161 806
天　津	93 841	97 443	105 735	108 094	116 107
河　北	655 366	752 285	934 042	1 065 994	1 120 517
山　西	399 157	436 393	483 237	508 529	575 210
内蒙古	231 865	245 414	275 527	307 919	334 720
辽　宁	333 220	349 912	380 601	407 577	427 773

续表

区　域	2014 年	2013 年	2012 年	2011 年	2010 年
吉　林	150 044	192 672	228 866	265 952	292 359
黑龙江	243 190	274 020	292 987	323 219	360 023
上　海	130 982	153 298	156 490	154 008	163 878
江　苏	723 628	793 716	884 549	926 984	1 020 381
浙　江	533 785	578 523	618 597	652 001	642 238
安　徽	914 742	967 746	1 002 374	947 984	872 733
福　建	437 610	525 051	582 998	573 082	536 047
江　西	437 172	484 628	549 084	587 317	618 065
山　东	948 167	1 031 585	1 147 012	1 177 130	
河　南	1 103 864	1 193 105	1 456 626	1 567 770	1 636 004
湖　北	372 601	410 795	500 540	720 915	903 834
湖　南	644 800	650 569	734 242	778 750	764 796
广　东	1 282 205	1 408 894	1 495 738	1 520 525	1 547 785
广　西	782 675	822 241	862 445	841 953	809 508
海　南	129 497	140 225	141 876	148 743	136 905
重　庆	339 110	362 827	372 049	379 534	391 601
四　川	1 079 228	1 195 085	1 262 600	1 266 229	1 236 943
贵　州	544 462	475 512	383 367	379 908	375 740
云　南	490 558	494 103	567 843	578 273	575 301
西　藏	16 990	17 491	18 291	19 767	22 613
陕　西	377 135	454 858	526 654	603 772	628 261
甘　肃	262 602	289 531	327 834	332 561	347 376

续表

区　域	2014 年	2013 年	2012 年	2011 年	2010 年
青　海	77 163	77 784	76 842	80 057	79 105
宁　夏	81 966	93 950	104 757	112 500	101 878
新　疆	219 483	229 294	235 277	243 039	233 319

续表 1-3-2　教育业（在校高中生数量　单位：人）

区　域	2014 年	2013 年	2012 年	2011 年	2010 年
全　国	24 004 723	24 358 817	24 671 712	24 548 227	24 273 351
北　京	177 554	187 586	193 505	195 072	198 415
天　津	169 606	175 144	181 235	185 461	185 153
河　北	1 104 076	1 092 815	1 176 885	1 233 223	1 275 146
山　西	827 821	848 464	854 986	852 689	822 925
内蒙古	484 042	494 243	500 280	493 476	499 280
辽　宁	652 613	681 460	695 933	712 632	715 443
吉　林	415 736	453 171	476 748	478 783	470 946
黑龙江	566 805	589 379	612 579	622 251	616 885
上　海	157 416	156 817	157 709	161 056	168 899
江　苏	1 034 205	1 109 899	1 208 697	1 286 951	1 356 550
浙　江	790 838	839 755	875 802	899 016	880 194
安　徽	1 201 286	1 255 132	1 292 863	1 278 903	1 275 968
福　建	629 074	656 488	690 542	709 515	706 369
江　西	904 696	876 722	836 602	783 497	739 649
山　东	1 712 659	1 705 043	1 645 402	1 564 212	1 525 122

续表

区　域	2014 年	2013 年	2012 年	2011 年	2010 年
河　南	1 895 457	1 892 306	1 926 336	1 895 068	1 921 573
湖　北	918 959	988 159	1 074 507	1 167 697	1 237 362
湖　南	1 057 008	1 041 044	1 026 563	1 013 814	1 019 039
广　东	2 140 193	2 204 473	2 259 282	2 204 135	2 089 462
广　西	838 231	818 878	795 828	773 562	753 981
海　南	176 524	179 047	175 526	168 529	160 461
重　庆	647 915	661 384	659 744	648 720	626 434
四　川	1 489 794	1 516 027	1 516 531	1 512 025	1 462 250
贵　州	942 656	857 077	772 972	689 042	620 221
云　南	768 469	737 426	706 180	660 291	632 812
西　藏	55 669	53 092	47 825	44 676	40 728
陕　西	851 044	899 424	941 528	969 167	955 861
甘　肃	654 430	666 556	664 879	657 086	646 975
青　海	113 471	109 026	106 005	106 911	107 715
宁　夏	163 513	165 240	157 521	148 043	142 392
新　疆	462 963	447 540	440 717	432 724	419 141

续表 1-3-2　教育业（在校本专科学生数量　单位：人）

区　域	2014 年	2013 年	2012 年	2011 年	2010 年
全　国	25 476 999	24 680 726	23 913 155	23 085 078	22 317 929
北　京	604 578	598 904	591 243	587 887	587 106

续表

区　域	2014年	2013年	2012年	2011年	2010年
天　津	505 795	489 919	473 114	449 702	429 224
河　北	1 164 341	1 174 374	1 168 796	1 149 252	1 105 118
山　西	713 218	676 817	637 330	594 469	562 924
内蒙古	406 414	399 201	391 434	384 440	371 388
辽　宁	998 281	968 034	934 078	902 231	880 247
吉　林	618 273	599 526	578 953	562 831	544 392
黑龙江	730 614	717 856	704 538	709 968	719 117
上　海	506 644	504 771	506 596	511 283	515 661
江　苏	1 698 636	1 684 455	1 671 173	1 659 415	1 649 430
浙　江	978 216	959 629	932 292	907 482	884 867
安　徽	1 080 545	1 052 123	1 023 033	991 267	938 954
福　建	748 480	730 510	701 392	674 779	647 774
江　西	916 415	861 849	851 119	828 599	816 484
山　东	1 796 665	1 698 545	1 658 490	1 645 589	1 631 373
河　南	1 679 744	1 618 320	1 559 025	1 500 142	1 456 730
湖　北	1 419 699	1 421 434	1 386 086	1 340 298	1 296 920
湖　南	1 136 302	1 100 770	1 082 235	1 067 852	1 047 241
广　东	1 794 188	1 709 881	1 616 838	1 527 254	1 426 624
广　西	701 913	656 127	629 243	600 094	567 516
海　南	180 565	172 143	168 270	156 700	150 806
重　庆	691 555	659 400	623 605	567 813	522 719
四　川	1 328 329	1 270 818	1 223 680	1 139 316	1 086 215

续表

区　域	2014 年	2013 年	2012 年	2011 年	2010 年
贵　州	460 401	419 040	383 815	344 100	323 293
云　南	577 044	548 577	512 178	487 552	439 042
西　藏	33 474	33 562	33 452	32 374	31 109
陕　西	1 099 613	1 077 627	1 026 254	964 773	927 769
甘　肃	452 300	442 963	431 069	405 306	381 526
青　海	52 907	50 675	48 668	45 721	44 994
宁　夏	111 432	104 451	96 440	87 870	80 206
新　疆	290 418	278 425	268 716	258 719	251 160

1-3-3 文化产业（文化产业总营收 单位：万元）					
区　域	2014 年	2013 年	2012 年	2011 年	2010 年
全　国	738 410 216	640 006 887	562 640 890		
北　京	68 768 642	51 552 185	49 373 618		
天　津	22 006 390	17 014 854	6 985 437		
河　北	11 884 051	10 190 848	9 192 068		
山　西	2 078 056	1 900 525	1 567 786		
内蒙古	2 189 721	2 180 270	1 998 921		
辽　宁	11 475 376	11 788 303	12 223 753		
吉　林	2 203 740	1 701 005	1 585 651		
黑龙江	1 603 193	1 441 099	1 394 611		
上　海	71 030 228	65 259 450	72 515 438		
江　苏	98 452 187	80 278 260	77 286 654		

续表

区　域	2014 年	2013 年	2012 年	2011 年	2010 年
浙　江	50 813 698	45 069 637	41 521 594		
安　徽	17 962 072	16 180 118	12 804 162		
福　建	26 668 822	22 607 799	16 694 019		
江　西	15 019 936	12 877 354	10 325 643		
山　东	73 993 619	60 575 321	56 023 644		
河　南	27 417 865	22 875 089	18 185 707		
湖　北	16 260 985	14 658 781	10 217 625		
湖　南	31 403 894	27 033 319	14 754 236		
广　东	137 392 523	123 871 924	109 568 146		
广　西	6 340 907	6 061 856	5 460 580		
海　南	1 817 834	1 538 650	955 961		
重　庆	9 867 771	12 427 727	6 529 738		
四　川	17 180 670	15 371 277	14 191 317		
贵　州	2 175 664	1 321 316	1 284 884		
云　南	3 812 485	2 259 592	4 034 100		
西　藏	64 786	43 496	28 212		
陕　西	4 530 406	4 221 278	3 871 446		
甘　肃	896 814	753 304	408 868		
青　海	1 337 616	1 207 302	332 093		
宁　夏	356 451	262 590	425 820		
新　疆	1 403 819	724 363	899 166		

2.1 产业资源

2-1-1 人力资源（新闻出版业从业人员百分比）					
区　域	2014 年	2013 年	2012 年	2011 年	2010 年
全　国	0.003 37	0.003 52	0.003 53	0.003 47	0.003 44
北　京	0.011 29	0.010 91			
天　津	0.005 28	0.005 18			
河　北	0.004 63	0.004 61			
山　西	0.001 79	0.001 89			
内蒙古	0.000 66	0.000 64			
辽　宁	0.001 42	0.001 40			
吉　林	0.002 24	0.002 48			
黑龙江	0.001 34	0.001 69			
上　海	0.008 00	0.008 54			
江　苏	0.004 67	0.004 40			
浙　江	0.007 57	0.008 47			
安　徽	0.002 37	0.002 36			
福　建	0.004 40	0.004 74			
江　西	0.003 25	0.002 80			
山　东	0.004 37	0.003 59			
河　南	0.001 61	0.001 72			
湖　北	0.002 49	0.002 44			
湖　南	0.001 46	0.001 97			

续表

区　域	2014 年	2013 年	2012 年	2011 年	2010 年
广　东	0.007 08	0.008 49			
广　西	0.001 57	0.001 20			
海　南	0.001 91	0.001 43			
重　庆	0.002 35	0.002 37			
四　川	0.002 41	0.002 32			
贵　州	0.000 97	0.000 97			
云　南	0.001 57	0.001 72			
西　藏	0.001 67	0.001 67			
陕　西	0.002 96	0.003 00			
甘　肃	0.001 69	0.001 72			
青　海	0.001 70	0.001 73			
宁　夏	0.002 12	0.002 11			
新　疆	0.000 79	0.000 74			

2-1-2 资本资源（新闻出版业总资产　单位：亿元）					
区　域	2014 年	2013 年	2012 年	2011 年	2010 年
全　国	18 732.78	17 207.70	15 729.60	14 417.60	12 737.40
北　京	2134.16	1964.36			
天　津	365.30	321.34			
河　北	748.99	878.85			
山　西	208.57	201.75			
内蒙古	86.59	81.30			

续表

区　域	2014 年	2013 年	2012 年	2011 年	2010 年
辽　宁	188.75	184.14			
吉　林	237.25	227.32			
黑龙江	146.07	124.58			
上　海	1353.71	1348.66			
江　苏	1505.28	1318.51			
浙　江	2208.20	1693.87			
安　徽	661.02	558.20			
福　建	768.92	712.59			
江　西	669.47	606.26			
山　东	1009.81	1047.79			
河　南	555.69	491.85			
湖　北	621.70	559.44			
湖　南	605.31	602.87			
广　东	2075.69	1984.76			
广　西	236.72	166.24			
海　南	93.24	94.86			
重　庆	334.77	300.19			
四　川	776.94	718.33			
贵　州	176.01	145.90			
云　南	307.74	275.99			
西　藏	8.92	8.61			
陕　西	398.13	356.93			

续表

区　域	2014 年	2013 年	2012 年	2011 年	2010 年
甘　肃	126.27	125.51			
青　海	16.58	14.59			
宁　夏	26.55	25.88			
新　疆	80.43	65.18			

2-1-3 文化资源（图书馆藏书 单位：万册/件）

区　域	2014 年	2013 年	2012 年	2011 年	2010 年
全　国	79 091.64	74 896.00	78 851.81	69 718.61	617 261.23
北　京	2223.34	2071.99	2083.25	1911.69	17 154.49
天　津	1598.09	1473.79	1469.22	1353.95	12 583.28
河　北	2104.78	1937.40	1934.53	1738.63	16 109.15
山　西	1471.75	1465.68	1461.92	1320.16	12 078.52
内蒙古	1448.66	1324.81	1209.76	1097.86	9400.38
辽　宁	3562.95	3355.42	3470.59	3092.59	29 532.54
吉　林	1662.20	1597.04	1709.56	1575.47	13 801.89
黑龙江	1720.61	1843.47	1823.07	1770.45	16 439.49
上　海	7362.61	7239.00	7202.43	6893.19	68 087.28
江　苏	6279.68	5769.83	6489.71	5381.85	43 699.70
浙　江	5634.08	5164.79	5344.34	4464.40	37 612.08
安　徽	1753.37	1776.49	2264.41	1375.42	12 357.97
福　建	2660.20	2466.74	2894.02	2042.61	16 816.62
江　西	2127.47	1989.68	1822.40	1664.72	15 201.21
山　东	4480.34	4422.05	4237.26	3890.00	36 358.43

续表

区　域	2014 年	2013 年	2012 年	2011 年	2010 年
河　南	2312.33	2218.19	2257.22	2121.92	18 372.11
湖　北	2821.56	2648.27	2521.19	2410.78	23 610.67
湖　南	2422.19	2282.20	2524.78	2362.32	19 613.51
广　东	6366.81	6100.67	6567.24	5889.74	46 154.97
广　西	2481.52	2109.84	2126.70	1996.51	18 808.77
海　南	411.87	377.13	897.93	516.00	2850.14
重　庆	1242.25	1128.85	1521.92	1148.74	10 307.69
四　川	3162.14	3048.14	3362.80	3135.62	25 991.18
贵　州	1217.32	1156.13	1387.37	1194.27	8120.57
云　南	1864.24	1765.46	1879.35	1699.13	15 659.98
西　藏	125.24	100.33	68.57	56.50	534.93
陕　西	1514.06	1377.12	1399.65	1223.20	11 271.49
甘　肃	1306.64	1226.22	1212.49	1159.62	10 418.20
青　海	393.70	378.77	379.49	367.73	3577.65
宁　夏	689.60	594.70	532.54	516.51	4623.27
新　疆	1292.23	1241.60	1322.80	1210.03	11 133.86

2.2 产业布局和结构

2-2-1 市场集中度（出版上市公司营收占总营收的比例）					
区　域	2014 年	2013 年	2012 年	2011 年	2010 年
全　国	1.00	1.00	1.00		

续表

区　域	2014 年	2013 年	2012 年	2011 年	2010 年
北　京	0. 062 7	0. 046 6			
天　津	0. 000 0	0. 000 0			
河　北	0. 000 0	0. 000 0			
山　西	0. 000 0	0. 000 0			
内蒙古	0. 000 0	0. 000 0			
辽　宁	0. 016 0	0. 016 5			
吉　林	0. 000 0	0. 000 0			
黑龙江	0. 000 0	0. 000 0			
上　海	0. 131 6	0. 154 0			
江　苏	0. 103 1	0. 090 9			
浙　江	0. 032 9	0. 029 3			
安　徽	0. 137 0	0. 131 0			
福　建	0. 009 3	0. 008 0			
江　西	0. 112 9	0. 141 5			
山　东	0. 000 0	0. 000 0			
河　南	0. 076 1	0. 035 9			
湖　北	0. 050 2	0. 052 3			
湖　南	0. 102 4	0. 103 9			
广　东	0. 099 7	0. 116 5			
广　西	0. 000 0	0. 000 0			
海　南	0. 042 4	0. 046 6			
重　庆	0. 000 0	0. 000 0			

续表

区　域	2014 年	2013 年	2012 年	2011 年	2010 年
四　川	0.017 4	0.018 9			
贵　州	0.000 0	0.000 0			
云　南	0.000 0	0.000 0			
西　藏	0.000 0	0.000 0			
陕　西	0.006 3	0.007 9			
甘　肃	0.000 0	0.000 0			
青　海	0.000 0	0.000 0			
宁　夏	0.000 0	0.000 0			
新　疆	0.000 0	0.000 0			

2-2-2 新闻出版产业基地与园区（如，产业基地、园区营业收入，单位：亿元）					
区　域	2014 年	2013 年	2012 年	2011 年	2010 年
全　国	1424.10	1026.40	777.20	489.00	
北　京	43.68	50.00			
天　津	33.08	35.21			
河　北					
山　西					
内蒙古					
辽　宁	190.92				
吉　林					
黑龙江	1.97	1.50			
上　海	288.18	257.00			

续表

区　域	2014 年	2013 年	2012 年	2011 年	2010 年
江　苏	227.10	176.41			
浙　江	84.25	75.24			
安　徽	95.85	81.73			
福　建	28.38				
江　西	22.43				
山　东	26.41				
河　南					
湖　北	0.88	0.88			
湖　南	58.77	55.97			
广　东	168.25	140.40			
广　西					
海　南					
重　庆	50.45	38.81			
四　川	0.41	0.30			
贵　州					
云　南					
西　藏					
陕　西	65.22	47.78			
甘　肃					
青　海					
宁　夏					
新　疆					

2.3 产业增长方式

2-3-1 企业总量（新闻出版企业数量　单位：家）					
区　域	2014 年	2013 年	2012 年	2011 年	2010 年
全　国	169 619	181 189	181 124	176 644	176 139
北　京	9555	10 000	9794	9548	9267
天　津	2415	2933	3182	3089	2816
河　北	7273	8045	7858	5822	6656
山　西	2832	2998	3124	3410	3087
内蒙古	1329	1794	2037	2039	2273
辽　宁	6112	6223	6179	5020	5576
吉　林	2344	3543	2846	2847	2846
黑龙江	2185	2482	3208	3201	3013
上　海	7785	8850	8805	9237	9583
江　苏	14 177	14 828	14 912	12 464	12 384
浙　江	11 453	11 902	11 862	11 516	11 293
安　徽	8742	8851	8856	9119	7981
福　建	4289	4653	4699	4559	4221
江　西	3555	3593	3550	3362	3172
山　东	8020	8704	7587	8215	8145
河　南	8596	8997	9348	8903	8893
湖　北	4676	5219	5282	5919	5755
湖　南	8754	6645	8195	8585	8537

续表

区　域	2014 年	2013 年	2012 年	2011 年	2010 年
广　东	10 281	13 776	14 039	14 000	15 344
广　西	4429	5163	5192	5229	4809
海　南	723	751	750	754	620
重　庆	5036	5423	3670	3496	3993
四　川	10 668	10 738	10 771	10 014	9635
贵　州	3900	3907	3914	3500	3057
云　南	8301	9073	8914	11 165	11 872
西　藏	159	170	143	140	235
陕　西	4385	4517	4895	4957	4391
甘　肃	2381	2302	2305	2309	2379
青　海	982	1039	1102	583	710
宁　夏	1016	945	989	939	1014
新　疆	3139	3125	3116	2703	2582

2-3-2 国有控股企业状况（如，国有出版发行企业数量　单位：家）					
区　域	2014 年	2013 年	2012 年	2011 年	2010 年
全　国	160 433	163 735	164 509	161 344	167 882
北　京	6993	6765	6687	7293	7104
天　津	2245	2647	2902	2802	2535
河　北	7059	7058	7058	4853	5810
山　西	2685	2694	2822	3103	2791
内蒙古	1269	1636	1893	1897	2135

续表

区 域	2014 年	2013 年	2012 年	2011 年	2010 年
辽 宁	5695	5642	5680	4571	5074
吉 林	2184	3054	2357	2346	2315
黑龙江	2055	2187	2892	2892	2670
上 海	7415	8173	8157	8579	8924
江 苏	13 899	14 188	14 263	11 804	11 735
浙 江	11 148	10 687	10 735	10 698	10 547
安 徽	8406	8264	8270	8527	7392
福 建	3976	3950	3941	4182	3766
江 西	3379	3284	3257	3079	2859
山 东	7819	8042	6966	7465	7473
河 南	8273	8284	8658	8215	8261
湖 北	4164	4340	4523	5359	5216
湖 南	8393	5987	7586	7958	7919
广 东	9612	12 442	12 727	12 653	14 144
广 西	4351	4910	4929	4932	4530
海 南	682	683	678	654	576
重 庆	4828	5022	3359	3187	3572
四 川	10 434	10 257	10 324	9595	9183
贵 州	3767	3610	3603	3201	2728
云 南	8167	8809	8648	10 899	11 633
西 藏	159	140	131	131	230
陕 西	4116	4042	4440	4445	3925

续表

区　域	2014 年	2013 年	2012 年	2011 年	2010 年
甘　肃	2161	1996	1993	2025	2098
青　海	952	959	1024	506	640
宁　夏	963	897	941	906	981
新　疆	2877	2946	2934	2436	2317

2-3-3 上市企业情况（如，上市企业营业收入，单位：亿元）					
区　域	2014 年	2013 年	2012 年	2011 年	2010 年
全　国	932.57	804.46	710.88	613.34	479.21
北　京	6.22	5.33	5.16	4.80	4.49
天　津	0.00	0.00	0.00	0.00	0.00
河　北	0.00	0.00	0.00	0.00	0.00
山　西	0.00	0.00	0.00	0.00	0.00
内蒙古	0.00	0.00	0.00	0.00	0.00
辽　宁	14.96	13.28	12.68	13.93	13.28
吉　林	0.00	0.00	0.00	0.00	0.00
黑龙江	0.00	0.00	0.00	0.00	0.00
上　海	122.75	123.91	113.42	115.01	102.47
江　苏	148.26	105.09	89.40	75.51	59.31
浙　江	30.66	23.56	14.38	13.42	4.30
安　徽	127.77	105.38	83.04	69.99	58.70
福　建	8.64	6.44	6.82	4.04	2.82
江　西	105.03	113.87	100.03	69.81	31.31
山　东	11.11	9.27	8.17	7.82	7.12

续表

区　域	2014 年	2013 年	2012 年	2011 年	2010 年
河　南	71.03	28.85	22.72	17.92	17.29
湖　北	46.87	42.08	34.86	26.11	6.30
湖　南	95.73	83.87	72.87	62.25	51.28
广　东	81.88	84.49	87.16	76.32	69.47
广　西	0.00	0.00	0.00	0.00	0.00
海　南	39.53	37.50	40.95	37.94	34.78
重　庆	0.00	0.00	0.00	0.00	0.00
四　川	16.24	15.18	13.50	13.06	11.62
贵　州	0.00	0.00	0.00	0.00	0.00
云　南	0.00	0.00	0.00	0.00	0.00
西　藏	0.00	0.00	0.00	0.00	0.00
陕　西	5.89	6.37	5.73	5.41	4.64
甘　肃	0.00	0.00	0.00	0.00	0.00
青　海	0.00	0.00	0.00	0.00	0.00
宁　夏	0.00	0.00	0.00	0.00	0.00
新　疆	0.00	0.00	0.00	0.00	0.00

3.1 企业创新能力

3-1-1 科技创新能力（如，文化制造业企业研发经费内部支出　单位：万元）					
区　域	2014 年	2013 年	2012 年	2011 年	2010 年
全　国	3 765 506	3 057 016	2 668 357		

续表

区　域	2014 年	2013 年	2012 年	2011 年	2010 年
北　京	29 216	27 035	44 173		
天　津	200 781	111 928	49 737		
河　北	32 035	17 642	20 816		
山　西	1053	1401	807		
内蒙古	0	711	540		
辽　宁	58 775	36 775	60 143		
吉　林	55	3647	2687		
黑龙江	792	2034	1140		
上　海	142 380	119 376	102 358		
江　苏	695 016	493 061	536 965		
浙　江	339 265	279 393	287 737		
安　徽	108 003	59 751	46 279		
福　建	172 336	132 151	116 969		
江　西	21 109	21 362	14 862		
山　东	648 013	548 815	502 873		
河　南	81 292	72 993	69 966		
湖　北	60 007	32 033	47 782		
湖　南	121 391	88 230	33 013		
广　东	782 274	743 394	595 104		
广　西	1974	2473	4379		
海　南	2756	2689	2822		
重　庆	22 871	17 886	5125		

续表

区　域	2014 年	2013 年	2012 年	2011 年	2010 年
四　川	190 232	207 583	106 526		
贵　州	10 931	325	1280		
云　南	13 085	12 251	8301		
西　藏	0	0	0		
陕　西	13 037	6573	3231		
甘　肃	38	712	0		
青　海	13 877	14 038	0		
宁　夏	2913	756	2605		
新　疆	0	0	140		

3-1-2 文化创新能力（新版图书种数　单位：种）					
区　域	2014 年	2013 年	2012 年	2011 年	2010 年
全　国	255 890	255 981	241 986	207 506	189 295
北　京	113 605	111 865	5611	3420	3085
天　津	3755	3957	3886	2999	3372
河　北	3071	3548	2340	1615	1000
山　西	1866	2643	1911	1778	1573
内蒙古	1937	1989	1648	1317	1266
辽　宁	7405	6772	5596	5208	4925
吉　林	11 425	12 586	13 803	10 115	11 575
黑龙江	3626	3832	3113	3007	2422
上　海	13 055	13 510	13 133	12 333	11 055

续表

区　域	2014 年	2013 年	2012 年	2011 年	2010 年
江　苏	14 383	14 143	11 318	9733	7988
浙　江	6867	7389	5935	4595	4210
安　徽	5227	5471	5202	4087	2732
福　建	2442	2283	2329	2403	2320
江　西	3535	3562	3495	2745	2427
山　东	8153	6362	5428	3708	3605
河　南	4244	4204	3377	2973	2422
湖　北	9571	8445	8362	6544	6328
湖　南	5634	5611	5753	6132	4239
广　东	6005	6866	7454	4538	3305
广　西	3752	4747	4289	3640	3328
海　南	1698	1134	1484	1442	1111
重　庆	3190	2363	2155	2087	2585
四　川	5252	4946	4235	3951	3396
贵　州	721	667	575	545	642
云　南	3781	4232	5430	3966	2746
西　藏	237	246	259	163	182
陕　西	4667	4967	4470	3350	3189
甘　肃	1319	1521	1453	1376	1255
青　海	269	331	319	327	227
宁　夏	1253	1417	1224	953	585
新　疆	3945	4372	4997	3187	2468

3.2 企业竞争能力

3-2-1 版权贸易影响力（版权输入输出比例）					
区　域	2014 年	2013 年	2012 年	2011 年	2010 年
全　国	1.6220	1.7467	1.8782	2.1379	2.9172
北　京					
天　津					
河　北					
山　西					
内蒙古					
辽　宁					
吉　林					
黑龙江					
上　海					
江　苏					
浙　江					
安　徽					
福　建					
江　西					
山　东					
河　南					
湖　北					
湖　南					

续表

区　域	2014 年	2013 年	2012 年	2011 年	2010 年
广　东					
广　西					
海　南					
重　庆					
四　川					
贵　州					
云　南					
西　藏					
陕　西					
甘　肃					
青　海					
宁　夏					
新　疆					

3-2-2 市场占有率（国内市场份额）					
区　域	2014 年	2013 年	2012 年	2011 年	2010 年
全　国	100.00%	100.00%			
北　京	7.63%	8.01%			
天　津	1.91%	1.79%			
河　北	4.81%	4.75%			
山　西	1.13%	1.20%			
内蒙古	0.51%	0.42%			

续表

区　域	2014 年	2013 年	2012 年	2011 年	2010 年
辽　宁	1.04%	1.10%			
吉　林	1.01%	1.52%			
黑龙江	0.60%	0.65%			
上　海	6.81%	6.97%			
江　苏	10.56%	10.29%			
浙　江	8.61%	8.95%			
安　徽	3.89%	3.97%			
福　建	4.70%	4.80%			
江　西	4.06%	3.46%			
山　东	10.00%	8.76%			
河　南	2.46%	2.41%			
湖　北	3.39%	3.17%			
湖　南	2.74%	3.40%			
广　东	13.04%	13.84%			
广　西	1.17%	0.82%			
海　南	0.39%	0.20%			
重　庆	1.74%	1.74%			
四　川	3.05%	2.98%			
贵　州	0.55%	0.54%			
云　南	1.19%	1.22%			
西　藏	0.05%	0.05%			
陕　西	1.94%	1.97%			

续表

区　域	2014 年	2013 年	2012 年	2011 年	2010 年
甘　肃	0.46%	0.46%			
青　海	0.08%	0.09%			
宁　夏	0.14%	0.14%			
新　疆	0.36%	0.31%			

3-2-3 市场竞争能力（非课本类图书总印张数/图书总印张数）					
区　域	2014 年	2013 年	2012 年	2011 年	2010 年
全　国	61.10%	62.25%	59.40%	56.98%	55.41%
北　京	59.44%	62.24%	91.32%	80.38%	87.76%
天　津	74.82%	65.54%	70.40%	66.44%	73.51%
河　北	51.12%	48.70%	30.43%	45.87%	41.75%
山　西	69.98%	72.97%	72.95%	70.28%	66.54%
内蒙古	99.07%	35.47%	23.24%	26.66%	31.21%
辽　宁	71.10%	76.49%	75.39%	57.94%	56.11%
吉　林	84.06%	82.17%	82.60%	77.38%	81.44%
黑龙江	60.10%	69.54%	61.41%	54.50%	55.83%
上　海	58.43%	61.60%	60.52%	56.87%	51.51%
江　苏	62.37%	62.21%	61.00%	64.08%	68.41%
浙　江	96.62%	68.41%	64.42%	60.97%	61.00%
安　徽	52.65%	57.10%	53.85%	57.20%	51.81%
福　建	54.90%	60.23%	57.17%	57.24%	62.90%
江　西	58.89%	57.72%	54.77%	53.76%	51.42%
山　东	59.43%	63.70%	57.43%	61.44%	42.16%

续表

区　域	2014 年	2013 年	2012 年	2011 年	2010 年
河　南	49.87%	47.11%	40.08%	39.24%	32.94%
湖　北	70.33%	69.24%	70.91%	66.28%	65.43%
湖　南	74.32%	70.92%	65.62%	66.64%	57.15%
广　东	42.10%	46.49%	39.36%	34.70%	31.25%
广　西	73.48%	70.94%	69.11%	64.71%	71.84%
海　南	83.50%	81.55%	85.18%	83.17%	83.79%
重　庆	54.97%	51.90%	53.79%	58.00%	50.13%
四　川	52.67%	57.88%	52.69%	46.13%	38.80%
贵　州	30.48%	28.86%	17.75%	19.86%	18.70%
云　南	60.82%	63.96%	59.07%	56.32%	46.27%
西　藏	23.41%	30.06%	26.70%	35.86%	21.54%
陕　西	67.20%	63.87%	63.98%	61.57%	48.56%
甘　肃	43.71%	50.09%	46.81%	38.15%	46.62%
青　海	20.47%	30.37%	23.89%	29.51%	19.47%
宁　夏	80.94%	78.97%	73.53%	68.51%	60.61%
新　疆	69.33%	56.31%	46.07%	36.62%	66.66%

3.3 企业成长能力

3-3-1 融合发展能力（数字出版营业收入　单位：亿元）					
区　域	2014 年	2013 年	2012 年	2011 年	2010 年
全　国	3387.7	2540.4	1935.5	1377.9	1051.8

续表

区　域	2014 年	2013 年	2012 年	2011 年	2010 年
北　京					
天　津					
河　北					
山　西					
内蒙古					
辽　宁					
吉　林					
黑龙江					
上　海					
江　苏					
浙　江					
安　徽					
福　建					
江　西					
山　东					
河　南					
湖　北					
湖　南					
广　东					
广　西					
海　南					

续表

区　域	2014年	2013年	2012年	2011年	2010年
重　庆					
四　川					
贵　州					
云　南					
西　藏					
陕　西					
甘　肃					
青　海					
宁　夏					
新　疆					

3-3-2 产品质量水平（再版重印图书比例）

区　域	2014年	2013年	2012年	2011年	2010年
全　国	0.429 366	0.424 020	0.415 500	0.438 449	0.423 561
北　京	0.415 188	0.417 785	0.405 047	0.489 476	0.455 908
天　津	0.346 388	0.285 611	0.269 412	0.292 021	0.258 901
河　北	0.562 660	0.485 499	0.411 469	0.456 412	0.558 304
山　西	0.460 382	0.340 733	0.438 437	0.477 213	0.413 716
内蒙古	0.386 443	0.340 299	0.424 380	0.542 867	0.561 179
辽　宁	0.379 920	0.369 284	0.440 288	0.473 141	0.456 402
吉　林	0.470 206	0.421 865	0.380 003	0.366 347	0.255 771
黑龙江	0.280 984	0.269 678	0.261 972	0.321 219	0.310 953

续表

区　域	2014 年	2013 年	2012 年	2011 年	2010 年
上　海	0. 465 397	0. 452 904	0. 447 660	0. 432 809	0. 425 893
江　苏	0. 399 106	0. 392 170	0. 445 386	0. 457 802	0. 445 278
浙　江	0. 458 737	0. 418 464	0. 482 924	0. 515 908	0. 479 218
安　徽	0. 473 827	0. 420 690	0. 427 974	0. 476 294	0. 516 118
福　建	0. 293 403	0. 312 349	0. 317 609	0. 326 891	0. 320 644
江　西	0. 399 830	0. 361 992	0. 318 315	0. 356 087	0. 372 868
山　东	0. 429 142	0. 541 808	0. 534 237	0. 615 273	0. 484 042
河　南	0. 449 189	0. 389 752	0. 465 157	0. 464 999	0. 503 281
湖　北	0. 398 429	0. 392 446	0. 408 837	0. 411 617	0. 395 260
湖　南	0. 503 175	0. 510 725	0. 468 349	0. 396 575	0. 426 775
广　东	0. 367 562	0. 336 939	0. 243 326	0. 374 673	0. 479 855
广　西	0. 523 313	0. 460 752	0. 505 134	0. 526 966	0. 546 841
海　南	0. 546 837	0. 669 484	0. 552 338	0. 505 656	0. 577 406
重　庆	0. 473 771	0. 558 813	0. 573 436	0. 630 685	0. 448 827
四　川	0. 422 540	0. 421 791	0. 456 633	0. 511 075	0. 488 939
贵　州	0. 146 746	0. 253 915	0. 404 762	0. 363 318	0. 219 927
云　南	0. 456 597	0. 453 159	0. 312 745	0. 350 900	0. 402 784
西　藏	0. 566 728	0. 626 140	0. 525 641	0. 767 475	0. 680 702
陕　西	0. 500 000	0. 471 315	0. 472 130	0. 495 178	0. 500 000
甘　肃	0. 452 697	0. 476 780	0. 444 784	0. 387 900	0. 349 741
青　海	0. 549 414	0. 500 754	0. 427 289	0. 397 790	0. 470 862
宁　夏	0. 369 401	0. 405 870	0. 269 690	0. 236 378	0. 353 591
新　疆	0. 489 783	0. 502 050	0. 425 037	0. 514 769	0. 504 418

3-3-3 渠道管理能力（出版物发行网点数量　单位：个）					
区　域	2014 年	2013 年	2012 年	2011 年	2010 年
全　国	169 619	172 447	172 633	168 586	167 882
北　京	9682	9232	8998	8773	8429
天　津	2415	2807	3060	2962	2689
河　北	7273	7272	7272	5234	6025
山　西	2832	2830	2945	3225	2908
内蒙古	1329	1707	1942	1946	2180
辽　宁	6112	6008	5964	4848	5372
吉　林	2344	3331	2600	2597	2569
黑龙江	2185	2326	3031	3031	2817
上　海	7785	8594	8526	8982	9327
江　苏	14 177	14 428	14 497	12 045	11 909
浙　江	11 453	11 004	11 057	11 066	10 971
安　徽	8742	8568	8588	8858	7723
福　建	4289	4330	4387	4340	3932
江　西	3555	3455	3414	3238	3030
山　东	8020	8233	7127	7626	7598
河　南	8596	8574	8938	8498	8500
湖　北	4676	4876	4933	5560	5404
湖　南	8754	6150	7711	8132	8086
广　东	10 281	12 895	13 180	13 142	14 487
广　西	4429	4988	5007	5051	4604
海　南	723	724	723	696	594

续表

区　域	2014 年	2013 年	2012 年	2011 年	2010 年
重　庆	5036	5230	3486	3321	3787
四　川	10 668	10 496	10 565	9820	9370
贵　州	3900	3739	3736	3317	2862
云　南	8301	8929	8769	11 020	11 726
西　藏	159	140	131	131	230
陕　西	4385	4300	4680	4714	4194
甘　肃	2381	2206	2203	2204	2278
青　海	982	987	1052	534	661
宁　夏	1016	945	989	939	1014
新　疆	3139	3003	2991	2585	2464

4.1 产业发展水平

4-1-1 全行业收入情况（新闻出版业总营业收入单位：亿元）					
区　域	2014 年	2013 年	2012 年	2011 年	2010 年
全　国	19 967.1	18 246.4	16 635.3	14 568.6	12 375.2
北　京	1264.88	1258.09			
天　津	316.04	281.54			
河　北	797.43	754.4			
山　西	186.55	188.96			
内蒙古	85.3	65.41			
辽　宁	172.1	173.45			

续表

区 域	2014 年	2013 年	2012 年	2011 年	2010 年
吉 林	166.76	238			
黑龙江	99.5	102.16			
上 海	1129.26	1094.59			
江 苏	1751.04	1616.53			
浙 江	1427.89	1405.53			
安 徽	644.62	624.08			
福 建	778.56	753.51			
江 西	673.42	544.21			
山 东	1657.14	1376.6			
河 南	408.61	378.09			
湖 北	562.26	498.22			
湖 南	453.6	534.16			
广 东	2162.07	2174.17			
广 西	193.16	129.16			
海 南	65.49	30.72			
重 庆	287.89	273.73			
四 川	506.14	468.3			
贵 州	91.09	85.01			
云 南	197.15	191.78			
西 藏	8.8	8.08			
陕 西	321.08	309.84			
甘 肃	76.2	72.75			

续表

区　域	2014 年	2013 年	2012 年	2011 年	2010 年
青　海	12. 8	13. 41			
宁　夏	23. 29	22. 54			
新　疆	59. 25	47. 94			

4-1-2 全行业收益利润情况（新闻出版业利润总额单位：亿元）					
区　域	2014 年	2013 年	2012 年	2011 年	2010 年
全　国	1563. 7	1440. 2	1317. 4	1128	1075. 9
北　京	118. 79	119. 51			
天　津	11. 07	9. 18			
河　北	59. 55	48. 05			
山　西	7. 86	8. 56			
内蒙古	32. 46	10. 66			
辽　宁	13. 98	15. 94			
吉　林	18. 21	40. 47			
黑龙江	8. 88	9. 32			
上　海	73. 23	75. 46			
江　苏	117. 66	114. 62			
浙　江	103. 64	100. 19			
安　徽	70. 42	80. 13			
福　建	34. 69	33. 41			
江　西	60. 59	61. 16			
山　东	156. 06	114. 76			

续表

区　域	2014年	2013年	2012年	2011年	2010年
河　南	34.56	31.76			
湖　北	53.96	49.31			
湖　南	47.08	63.04			
广　东	77.18	72.48			
广　西	16.75	15.01			
海　南	1.37	1.93			
重　庆	25.62	22.03			
四　川	53.27	48.67			
贵　州	13.11	9.66			
云　南	23.09	22.95			
西　藏	1.81	1.42			
陕　西	41.76	39.84			
甘　肃	14.1	14.39			
青　海	1.55	1.47			
宁　夏	1.43	1.11			
新　疆	4.27	4.29			

4.2 产业经济贡献

4-2-1 产业经济贡献（新闻出版产业增加值占第三产业增加值比例）					
区　域	2014年	2013年	2012年	2011年	2010年
全　国	1.80%	1.93%	1.99%	1.96%	2.02%
北　京	2.95%	3.40%			

续表

区　域	2014 年	2013 年	2012 年	2011 年	2010 年
天　津	0.70%	0.77%			
河　北	1.85%	1.84%			
山　西	0.64%	0.76%			
内蒙古	0.65%	0.44%			
辽　宁	0.47%	0.54%			
吉　林	0.99%	1.63%			
黑龙江	0.44%	0.56%			
上　海	2.25%	2.19%			
江　苏	1.39%	1.51%			
浙　江	2.10%	2.14%			
安　徽	2.30%	2.61%			
福　建	1.58%	1.75%			
江　西	2.65%	2.67%			
山　东	1.38%	1.32%			
河　南	0.87%	1.04%			
湖　北	1.29%	1.41%			
湖　南	1.04%	1.41%			
广　东	1.85%	1.93%			
广　西	0.84%	0.78%			
海　南	1.05%	0.57%			
重　庆	1.76%	2.05%			
四　川	1.63%	1.77%			

续表

区 域	2014年	2013年	2012年	2011年	2010年
贵 州	0.74%	0.72%			
云 南	1.45%	2.13%			
西 藏	0.71%	0.75%			
陕 西	1.51%	1.61%			
甘 肃	0.89%	1.10%			
青 海	0.61%	0.81%			
宁 夏	0.67%	0.84%			
新 疆	0.48%	0.58%			

4-2-2 产业就业贡献（新闻出版业直接就业人数 单位：万人）					
区 域	2014年	2013年	2012年	2011年	2010年
全 国	461.6	478.679 2	477.4	467.4	461.4
北 京	24.29	23.07			
天 津	8.01	7.62			
河 北	34.21	33.83			
山 西	6.53	6.86			
内蒙古	1.66	1.59			
辽 宁	6.23	6.13			
吉 林	6.17	6.83			
黑龙江	5.15	6.47			
上 海	19.41	20.63			
江 苏	37.15	34.97			

续表

区　域	2014 年	2013 年	2012 年	2011 年	2010 年
浙　江	41.67	46.55			
安　徽	14.44	14.25			
福　建	16.74	17.88			
江　西	14.76	12.67			
山　东	42.76	41.48			
河　南	15.22	16.19			
湖　北	14.48	14.14			
湖　南	9.85	13.19			
广　东	75.91	90.32			
广　西	7.47	5.67			
海　南	1.73	1.28			
重　庆	7.03	7.04			
四　川	19.63	18.83			
贵　州	3.41	3.38			
云　南	7.41	8.06			
西　藏	0.53	0.52			
陕　西	11.17	11.28			
甘　肃	4.37	4.44			
青　海	0.99	1			
宁　夏	1.4	1.38			
新　疆	1.81	1.68			

4. 3 产业社会文化影响

4-3-1 国民综合阅读率					
区　域	2014 年	2013 年	2012 年	2011 年	2010 年
全　国	78. 6%	76. 7%	76. 3%	77. 6%	77. 1%
北　京					
天　津					
河　北					
山　西					
内蒙古					
辽　宁					
吉　林					
黑龙江					
上　海					
江　苏					
浙　江					
安　徽					
福　建					
江　西					
山　东					
河　南					
湖　北					
湖　南					

续表

区　域	2014 年	2013 年	2012 年	2011 年	2010 年
广　东					
广　西					
海　南					
重　庆					
四　川					
贵　州					
云　南					
西　藏					
陕　西					
甘　肃					
青　海					
宁　夏					
新　疆					

4-3-2 数字化阅读率					
区　域	2014 年	2013 年	2012 年	2011 年	2010 年
全　国	58.1%	50.1%	40.3%	38.6%	32.8%
北　京					
天　津					
河　北					
山　西					
内蒙古					

续表

区　域	2014 年	2013 年	2012 年	2011 年	2010 年
辽　宁					
吉　林					
黑龙江					
上　海					
江　苏					
浙　江					
安　徽					
福　建					
江　西					
山　东					
河　南					
湖　北					
湖　南					
广　东					
广　西					
海　南					
重　庆					
四　川					
贵　州					
云　南					
西　藏					
陕　西					

续表

区　域	2014 年	2013 年	2012 年	2011 年	2010 年
甘　肃					
青　海					
宁　夏					
新　疆					

4-3-3 人均年拥有图书（单位：册）					
区　域	2014 年	2013 年	2012 年	2011 年	2010 年
全　国	5. 983 718 62	6. 107 413 72	5. 826 644 71	5. 718 766 47	5. 347 495 36
北　京	114. 162 484	113. 553 055	108. 930 556	111. 943 426	108. 263 418
天　津	3. 006 309 29	3. 485 915 73	3. 209 850 33	2. 910 127 12	2. 906 202 62
河　北	3. 011 207 04	3. 237 046 56	2. 705 862 5	2. 305 638 69	2. 338 745 55
山　西	3. 526 902 71	3. 705 989 31	4. 095 734 22	3. 864 714 13	3. 688 470 7
内蒙古	2. 695 613 64	2. 619 704 44	2. 349 137 5	2. 407 614 1	2. 454 918 33
辽　宁	2. 895 240 26	2. 685 193 62	2. 661 654 14	3. 456 308 46	3. 361 6
吉　林	9. 264 709 09	9. 662 775 14	10. 366 492 1	7. 662 371 2	7. 445 933 15
黑龙江	1. 937 385 86	1. 730 629 83	1. 656 998 88	2. 160 662 07	1. 935 643 76
上　海	13. 269 681 1	13. 782 994 8	—	12. 162 933 6	12. 331 390 7
江　苏	7. 030 474 64	7. 136 100 68	6. 788 022 19	7. 193 243 93	6. 615 548 44
浙　江	6. 712 236 75	7. 000 909 42	6. 801 168 52	5. 968 881 57	5. 409 335 52
安　徽	4. 205 066 66	4. 278 417 19	4. 083 166 33	4. 220 006 7	4. 002 048 11
福　建	2. 264 582 24	2. 350 291 47	2. 422 091 78	2. 230 913 98	2. 099 377 2
江　西	4. 328 997 66	4. 128 124 9	4. 040 025 38	3. 832 291 99	3. 594 375 92
山　东	4. 744 709 34	5. 131 100 26	4. 455 506 37	4. 067 853 24	3. 570 240 31

续表

区　域	2014年	2013年	2012年	2011年	2010年
河　南	2.089 232 73	2.538 628 65	2.436 584 38	2.253 564 03	2.142 370 34
湖　北	4.675 550 21	4.530 781 17	4.579 165 95	4.530 566 17	4.806 810 74
湖　南	6.262 801 98	5.365 886 47	5.453 589 66	5.264 570 32	4.741 784 75
广　东	2.785 527 79	3.102 499 06	2.796 111 01	3.106 806 28	2.215 605 11
广　西	8.367 059 32	7.286 501 38	6.150 363 09	5.773 950 48	5.387 418 66
海　南	6.799 265 06	7.096 104 01	8.871 468 05	8.428 503 04	8.256 289 22
重　庆	5.017 383 17	4.694 276 09	4.734 804 75	5.342 583 08	5.440 577 96
四　川	2.410 628 73	2.888 368 08	2.920 556 7	3.079 130 43	2.423 019 74
贵　州	2.878 815 52	1.792 862 81	2.095 824 71	2.447 967 71	2.319 344 64
云　南	3.247 205 07	3.662 996 63	3.592 401 8	3.661 844 09	3.278 424 9
西　藏	4.103 290 82	3.845 660 81	4.401 534 36	5.361 028 68	4.393 444 81
陕　西	5.013 085 68	5.134 697 13	5.233 146 82	4.408 763 02	5.309 504 69
甘　肃	2.050 347 77	2.545 910 82	2.566 002 6	2.633 190 21	2.631 661 18
青　海	1.832 299 2	2.303 605 12	1.943 576 95	1.786 437 16	1.783 590 96
宁　夏	5.565 801 01	5.395 985 88	4.227 506 61	3.732 895 46	3.011 248 74
新　疆	4.406 844 55	5.617 188 54	5.042 144 77	3.961 588 44	2.373 455 38

4-3-4 作品自愿登记数量（单位：万册）					
区　域	2014年	2013年	2012年	2011年	2010年
全　国	99.735	83.456 9	56.058 3	44.298 3	35.987 1
北　京	59.579 3	56.925 9	37.072 4	34.817 5	31.311
天　津	0.008 7	0.008 7	0.038	0	0

续表

区　域	2014 年	2013 年	2012 年	2011 年	2010 年
河　北	0. 023 7	0. 018 7	0. 022 7	0. 024 6	0. 016 5
山　西	0. 054 1	0. 026 3	0. 021 1	0. 033 9	0. 020 5
内蒙古	0. 011 1	0. 017	0. 028	0. 023 3	0. 032 5
辽　宁	1. 034 8	2. 112 6	2. 090 1	1. 003 7	0. 441 8
吉　林	0. 071 6	0. 227 7	0. 14	0. 026 3	0. 024 7
黑龙江	0. 030 8	0. 119 2	0. 034 6	0. 019 7	0. 020 5
上　海	18. 783 5	8. 256 3	7. 066 3	1. 012 9	0. 263 6
江　苏	5. 301	0. 548 6	2. 055 8	1. 362 9	0. 759 1
浙　江	1. 528 7	1. 605	1. 509	1. 342 2	1. 1051
安　徽	0. 129 2	0. 064 7	0. 056 8	0. 016 8	0. 012 7
福　建	2. 491 7	2. 103 8	1. 534 3	1. 31	1. 038 5
江　西	0. 168	0. 064 3	0. 034 7	0. 029 6	0. 030 6
山　东	4. 040 2	3. 029 2	1. 601 8	2. 016 7	0. 159 2
河　南	0. 079 2	0. 059 4	0. 019	0. 019 3	0. 026 7
湖　北	0. 201 5	0. 112 6	0. 044 8	0. 084 3	0. 065
湖　南	0. 184 2	0. 120 1	0. 063 3	0. 037 6	0. 032 7
广　东	1. 578 2	1. 418 5	0. 823 7	0. 766 7	0. 034 82
广　西	0. 017 3	0. 011 5	0. 023 9	0. 013 7	0. 011 7
海　南	0. 008 7	0	0	0	0
重　庆	3. 628 8	3. 537	1. 502 4	0. 087 1	0. 045 6
四　川	0. 202 3	0. 130 9	0. 103 1	0. 081 3	0. 082 9
贵　州	0. 012 2	0. 018 1	0. 021 2	0. 016 3	0. 011 8

续表

区 域	2014年	2013年	2012年	2011年	2010年
云 南	0.023 8	0.021 5	0.026	0.045 9	0.034 1
西 藏	0	0	0	0	0.000 7
陕 西	0.100 2	0.068	0.026 8	0.023 7	0.012 5
甘 肃	0.016 1	0.008 1	0.006 4	0.004 2	0.022 6
青 海	0.003 1	0.002 8	0.001 1	0.001	0.002 3
宁 夏	0.013 6	0.012	0.018 6	0.004 6	0.004
新 疆	0.132 2	0.108 2	0.106 6	0.072 5	0.05

主要参考文献

[1] 马春文、张东辉主编：《发展经济学》，高等教育出版社 2005 年版。

[2] [澳] 海因茨·阿恩特著，唐宇华、吴良健译：《经济发展思想史》，商务印书馆 1997 年版。

[3] [德] H. W. 辛格："社会发展：最主要的增长部门"，载《国际发展评论》1965 年第 3 期。

[4] [法] 佩鲁著，张宁、丰子义译：《新发展观》，华夏出版社 1987 年版。

[5] [美] 查尔斯·P. 金德尔伯格、布鲁斯·赫里克著：《国际经济学》，1964 年版。

[6] 黄孝章、刘益："大数据时代出版业发展趋势研究"，载《科技与出版》2014 年第 10 期。

[7] 黄孝章、刘益："中国绿色印刷发展战略框架设计之我见"，载《中国出版》2013 年第 17 期。

[8] 乔东亮等：《十五首都出版产业发展状况研究》，中国人民大学出版社 2007 年版。

[9] 刘益：《国外知名出版集团经营管理研究》，中国宇航出版社 2013 年版。

[10] 王关义、李治堂：《出版管理科研论》，中央编译出版社 2010 年版。

[11] 付海燕、陈丹："北京地区数字出版企业创新能力调查与分析"，载《科技与出版》2014 年第 10 期。

[12] 付海燕、陈丹："数字出版企业创新能力评价指标体系构建与分析"，

载《科技与出版》2014 年第 12 期。
[13] 付海燕等："印刷包装企业绿色化评价指标体系构建研究"，载《北京印刷学院学报》2013 年第 4 期。
[14] 付海燕、李治堂："首都建设国际出版产业中心评价指标体系构建分析"，载《科技与出版》2008 年第 6 期。
[15] 王海云等："经营性出版单位考核指标体系研究"，载《北京印刷学院学报》2007 年第 5 期。
[16] 高海涛等：《中国文化产业安全报告（2014）》，社科文献出版社 2014 年版。
[17] 史征："文化创意产业发展指数的框架设计"，载《统计与决策》2010 年第 7 期。
[18] 唐守廉、朱虹："国际文化创意产业发展指数研究"，载《科技进步与对策》2014 年第 2 期。
[19] 臧志彭："中国网络文化产业发展指数构建与动态演化实证分析"，载《统计与决策》2015 年第 1 期。
[20] 胡惠林、王婧：《中国文化产业发展指数报告（CCIDI）》，上海人民出版社 2012 年版。
[21] 彭翊：《中国城市文化产业发展评价体系研究》，中国人民大学出版社 2011 年版。
[22] 浙江省委宣传部、浙江统计局：《2011 年浙江省文化发展指数（CDI）报告》（浙宣〔2012〕75 号）。
[23] 申维辰、焦斌龙：《评价文化：文化资源评估与文化产业评价研究》，山西教育出版社 2004 年版。
[24] 王琳：《文化产业的发展与预测》，天津社会科学院出版社 2005 年版。
[25] 薛晓光："文化产业评价指标体系的建立及应用"，载《财政监督杂志》2010 年第 10 期。
[26] 花建：《文化产业竞争力》，广东人民出版社 2005 年版。
[27] 王岚、赵国杰："中国地区文化产业竞争力评价模型"，载《天津大

学学报》2009 年第 1 期。

[28] 赵彦云等："中国文化产业竞争力评价和分析"，载《中国人民大学学报》2006 年第 4 期。

[29] 王安琪："省际文化产业竞争力评价指标体系研究"，载《经济论坛》2009 年第 9 期。

[30]《中国传媒发展指数》课题组："中国传媒发展指数：指标框架与定量测评"，载《国际新闻界》2007 年第 12 期。

[31] 辜胜阻：《创新与高技术产业化——新世纪的增长源泉》，武汉大学出版社 2001 年版。

[32] 唐五湘：《中国科技产业化环境研究》，经济科学出版社 2005 年版。

[33] 芮明阶：《中国产业竞争力报告》，上海人民出版社 2004 年版。

[34] 曾红颖：《发展的刻度——中国发展水平评价指标体系研究》，中国水利水电出版社 2004 年版。

[35] 姜爱林："国际竞争力及其评价方法综述"，载《北京行政学院学报》2003 年第 6 期。

[36] 俞凯等："当前国际竞争力理论及简评"，载《广西经济管理干部学院学报》2004 年第 2 期。

[37] 陈伟："新指数、新思维、新趋势——世界经济论坛的全球竞争力指数简介"，载《经济研究参考》2005 年第 82 期。

[38] Barney, J. B. , "Firm Resources and Sustained Competitive Advantage", *Journal of Management*, 1991, (17): 99~120.

[39] Stopford, J. M. , Baden-Fuller, "C. W. F. Creating Corporate Entrepreneurship", *Strategic Management Journal*, 1994, (15): 521~536.

[40] Wennekers, S. , "Thurik, R. Linking Entrepreneurship and Economic Growth", *Small Business Economics*, 1999, (13): 27~55.

[41] Wright, P. M. , & McMahan, G. C. , "Theoretical Perspectives for Strategic Human Resource Management", *Journal of Management*, 1992 (2): 295~320.

后 记

近年来，我国新闻出版业取得了快速发展的同时，也面临如何以“五大发展理念”更好更快地推动发展的问题。科学合理的发展指数构建可以直观地帮助我们了解新闻出版产业发展现状与发展潜力，引导与推动新闻出版产业克服瓶颈、加快发展。

新闻出版业发展指数的研究尚处于空白。本书在对已有的相关指标体系分析以及新闻出版业调查的基础上，遵循科学性原则、静态与动态相结合原则、行业性原则、系统性原则、导向性原则、可操作性原则等指标体系的设计原则，基于产业组织理论的 SCP 分析框架、柯布—道格拉斯生产函数、制度经济学理论的制度分析逻辑以及波特的钻石模型等经济学和管理学理论，构建新闻出版业发展指数综合评价体系。评价指标体系分为三级指标，一级指标 4 个，二级指标共 12 个，三级指标 35 个。根据收集到的 267 份有效问卷，采用层次分析法确定各项指标的具体权重。在对各指标的数据进行同趋势化和无量纲化处理之后，我们运用新闻出版业发展评价指标体系，对全国 31 个省、自治区、直辖市 2013、2014 年新闻出版业发展情况进行测评分析，得出各省、自治区、直辖市新闻出版产业发展综合指数及其排名。通过对测评结果进行分析，我们总结出了现阶段我国新闻出版产业发展具有的特征，并结合我国新闻出版业的实际发展，提出了政策性建议。

本课题研究过程得到了课题委托方——国家新闻出版广电总局规划发展司的大力支持。在课题开展前期，规划发展司张建民处长多次与研究团队沟通，对课题主要目标、研究内容、调研对象等作了具体指导；在课题中期检查阶段，规划发展司领导针对研究团队前期研究取得的成果，提出了进一步优化与简化指标体系等建议；在课题结题阶段，规划发展司朱伟峰司长亲自审阅了课题研究报告，并提出了具体的评审和修改意见。国家新闻出版广电总局办公厅秘书处的领导及其他评审专家也提出了宝贵建议和意见。课题组根据相关建议和意见，对研究报告做了认真的修改，并形成了最终的研究报告。

本课题的研究得到了科技创新服务能力建设-科研基地-哲社基地-北京文化安全研究基地（项目编号：PXM2016_014223_000010）和国家新闻出版广电总局“新闻出版业发展指数研究”项目（项目编号：A2015-3-1）以及北京印刷学院北印学者（项目编号：27170116003/005）的经费资助。囿于著者水平有限，文中难免出现疏漏和不足之处，恳请广大读者不吝批评指正。

著　者

2016 年 8 月

图书在版编目（CIP）数据

新闻出版业发展指数研究. 2015/刘益等著. —北京：中国政法大学出版社，2016. 12
ISBN 978-7-5620-7230-0

Ⅰ. ①新… Ⅱ. ①刘… Ⅲ. ①新闻工作—发展—指数—研究—中国—2015②出版工作—发展—指数—研究—中国—2015 Ⅳ. ①G219. 2②G239. 2

中国版本图书馆 CIP 数据核字(2016)第 309772 号

出版者　中国政法大学出版社

地　址　北京市海淀区西土城路 25 号

邮寄地址　北京 100088 信箱 8034 分箱　邮编 100088

网　址　http://www.cuplpress.com（网络实名：中国政法大学出版社）

电　话　010-58908285(总编室)　58908433（编辑部）58908334(邮购部)

承　印　固安华明印业有限公司

开　本　720mm × 960mm　1/16

印　张　11.25

字　数　160 千字

版　次　2016 年 12 月第 1 版

印　次　2016 年 12 月第 1 次印刷

定　价　35.00 元